EL SERMÓN DEL MONTE

Interpretación de
Annie Rix Militz

Traducción de
Marcela Allen Herrera

WISDOM COLLECTION

PUBLISHING HOUSE

Wisdom Collection LLC
McKinney, Texas/75070
www.wisdomcollection.com

El sermón del monte/ Edición Revisada
ISBN: 978-1-63934-054-5

La versión original de este libro fue publicada en
el año 1904 por la reconocida líder espiritual,
Annie Rix Militz.

Para otros títulos y obras del Nuevo Pensamiento,
visita nuestro sitio web

www.**wisdom**collection.com

PRÓLOGO

Emerson dice en su ensayo sobre historia: "Hay una mente común a todo individuo. Cada persona es una entrada a la misma y a la totalidad de la misma... Quien tiene acceso a esta mente universal es parte de todo lo que es o lo que puede ser hecho, porque esta es la única y soberana artífice".

Esta es la Mente del Espíritu, la misma Mente que estaba en Jesucristo. De ella procede toda inspiración y solo por ella pueden interpretarse sus palabras.

Con la convicción de que la Mente Divina es hoy la misma que en épocas pasadas, y que no hace acepción de personas, me he esforzado por recibir interpretaciones de todas las palabras sagradas que han llegado a mi conocimiento y que considero inspiradas, ya que hacen que las personas tengan una vida más santa y feliz. Por eso, he estudiado las escrituras de los hindúes, los chinos, los egipcios y los persas, así como las de los hebreos y las de los cristianos.

Alguien ha dicho respecto a ciertos escritos de la Biblia: "Sé que son inspirados porque me inspiran". Este parece un criterio seguro de inspiración.

El resultado de mi fe en que el Espíritu de Interpretación es uno con el Espíritu de Inspiración, y la consiguiente aplicación diaria del corazón y la mente para recibir su luz, ha sido la apertura para mí de las compuertas del entendimiento bíblico, de modo que la plenitud del bendito conocimiento que ya se ha recibido llevaría años registrarlo.

Los siguientes comentarios fueron escritos a petición del editor de "Universal Truth" y aparecieron en esa revista en el año 1893. Están condensados y son breves, pues la autora cree que el lector también tiene el Espíritu de Interpretación, y a menudo no necesita más que un indicio para encender su antorcha y darle la alegría de recibir directamente del Espíritu sin la intermediación de un maestro.

Cuando estudies este pequeño volumen, mi oración es que sientas la presencia del Maestro cuyas palabras han transformado tanto este mundo, tal como él lo prometió: "Donde dos o tres están reunidos en mi nombre, ahí estoy yo en medio de ellos". Tú eres uno, este pequeño libro es otro, reunidos en su nombre, por lo tanto, el espíritu de nuestro Señor Jesucristo está sobre ti.

A.R.M.
Home of Truth, Alameda, California.
20 de septiembre de 1904.

CONTENIDOS

PREFACIO

Jesucristo

Cada persona es una idea de Dios, un pensamiento de la Mente Divina, enviada al mundo con una gran misión. En la medida en que lleva a cabo esa idea, la persona se hace universal y se inmortaliza en el reconocimiento de la humanidad, que la reclama como suya; pues ha dejado de pertenecer a una raza o pueblo, o de vivir en un tiempo o lugar determinados.

Jesucristo representa la idea suprema del ser humano y de Dios, la Verdad que salva de la enfermedad, el pecado, el dolor y la muerte. Él es esa Verdad dentro de nosotros, que dice: "Yo soy el Hijo del Dios Altísimo. Yo soy espiritual, no material; inmortal, no mortal; santo, no pecador, y todo dominio sobre el universo entero me es dado a mí, y todo lo que mi Padre tiene es mío".

A medida que esta verdad va ganando terreno en el corazón, y se establece como maestra del yo carnal e inferior, la persona demuestra su divinidad; y la historia de su desarrollo dentro del individuo está representada en la vida de Jesucristo, desde su inmaculada concepción hasta su ascensión e identificación con Dios, el Bien universal.

Los numerosos años que se desconocen de la vida de Jesús tipifican el trabajo silencioso e invisible del ser Divino interior.

La llegada de Jesús para ministrar abiertamente, significa la agitación de la naturaleza interior que empieza a ser reconocida por el ser exterior. Entonces, muchos pensamientos comienzan a correr de un lado a otro de la mente en busca de esta gran idea, o como se dice en el Evangelio: "Y le siguieron grandes multitudes de Galilea, Decápolis, Jerusalén y Judea, y del otro lado del Jordán".

EL SERMÓN DEL MONTE
(del Evangelio según San Mateo)

Capítulo 5

Capítulo 5: versículo 1.

1. Cuando Jesús vio a las multitudes, subió al monte; y después de sentarse, Sus discípulos se acercaron a él.

Los montes son símbolos de estados mentales elevados. Cuando nuestros pensamientos se concentran en una gran verdad, nos elevamos mentalmente, preparándonos para una corriente de revelación e instrucción divina.

2. Y abriendo su boca les enseñaba, diciendo,

Las Bienaventuranzas

Las nueve bendiciones llamadas las Bienaventuranzas son anuncios divinos de la presencia del Bien en medio del mal, de la dicha en el lugar del lamento y de la felicidad en el lugar de la miseria.

"Para darles diadema en lugar de ceniza, aceite de alegría en vez de luto, manto de alabanza en vez de espíritu abatido" (Isaías 61:3).

Escuchen, oh hijos del Altísimo, digan la Verdad a todos los que parecen tan desolados, desamparados y abandonados; tan humillados, afligidos, hambrientos y perseguidos:

"El Señor te hará descansar de tu dolor, de tu desesperación y de la dura servidumbre a la que fuiste sometido" (Isaías 14:3).

La palabra "bienaventurado" es makarios en griego, y debería traducirse como "dichoso", como en Romanos 14:22: "Dichoso el que no se condena a sí mismo en lo que aprueba". Al sustituir la palabra "bienaventurado" por "dichoso" en este último texto, se puede discernir su verdadero significado en las Bienaventuranzas.

Estas bendiciones no son premios arbitrarios, sino que son el resultado de la llegada de la Verdad al alma y su reconocimiento por parte de la humanidad en la tierra.

3. Bienaventurados los pobres en espíritu, porque de ellos es el reino de los cielos.

Es pobre de espíritu aquel que se da cuenta de que, como mortal y ser de carne, no es nada. Él no hace afirmaciones ni pretensiones como un ser terrenal, no se llama a sí mismo ni bueno ni malo, sino simplemente nada.

Jesús era pobre en espíritu. Como ser humano, nunca reclamó ni el bien ni el mal. Él negó la bondad: "¿Por qué me llamas bueno?" preguntó. Él negó el mal: "¿Quién de ustedes me prueba que tengo pecado?" preguntó.

En cada pensamiento, palabra y obra se negaba a sí mismo cuando se le miraba desde el punto de vista de los mortales. Él dice:

"Yo no hago nada por mí mismo"

"Las palabras que yo les digo, no las hablo de mí mismo, sino el Padre que mora en mí, él hace las obras".

La verdadera abnegación trae el sentido limpio, libre y vacío del ser que es preparatorio para ser llenado con el Espíritu Santo.

"Lo que es receptivo o lo que va a recibir debe estar descubierto y vacío. Es el vacío lo que hace que el agua fluya. Una copa perfectamente vacía, incluso de aire, se olvidaría de sí misma y sería atraída al cielo. Por lo tanto, cuando el espíritu está libre, en justa soledad, obliga a Dios" —Eckart.

Es ese vacío el que hace que, a través de su irresistible poder de atracción, la sustancia de Dios se derrame en la manifestación divina llamada su Hijo amado. Este vacío se realiza a través de la completa negación de sí mismo y la voluntad de atribuir toda su bondad a su Dios, el verdadero Ser, y no reclamar nada como un ser separado de Dios.

El alma que está completamente vacía de todo lo que no es de Dios se llama la Virgen María. Escucha su canto:

"Mi alma engrandece al Señor, y mi espíritu se regocija en Dios, mi Salvador. Porque ha mirado la humilde condición de esta su sierva; pues he aquí, desde ahora en adelante, todas las generaciones me tendrán por bienaventurada".

"Declaro por la buena verdad y la verdad eterna, que en todo aquel que se ha abandonado por completo a sí mismo, Dios debe comunicarse, conforme a todo su poder, de forma tan completa que no retenga nada en su vida, en su esencia, en su naturaleza y en su divinidad; debe comunicarlo todo para que dé fruto" —Eckart.

4. Bienaventurados los que lloran, porque ellos serán consolados.

Ahora bien, los dolientes son bienaventurados, no por su luto, sino por el consuelo que les proporciona la Verdad. He aquí una paráfrasis de esta bienaventuranza que puede ser explicativa de la misma: Bienaventurados los enfermos, porque serán curados. Son bienaventurados, no porque hayan estado enfermos, sino porque les llega la salud.

La verdad revela a los dolientes que sus seres queridos no están perdidos, sino que están a salvo en la omnipresencia del Bien, el cual no deja que ni un gorrión caiga al suelo sin recibir su pequeña vida en la suya. Los que lloran por sus pecados se ven liberados de la esclavitud por la Verdad de que el pecado no tiene poder en sí mismo, y es un engaño que ya no puede engañarlos.

5. Bienaventurados los mansos, porque ellos heredarán la tierra.

La mansedumbre es la libertad del orgullo, la ambición y la codicia. Es ese espíritu en el individuo que no se preocupa por los honores, las riquezas, la gloria o el poder, y así los recibe todos. No conoce los celos ni la envidia, busca la oscuridad y el olvido, y no rehúye la aniquilación.

En una ocasión, Josué le pidió a Moisés que impidiera que algunos jóvenes de entre los israelitas profetizaran, pero él le respondió:

"¿Tienes celos por causa mía? Ojalá todo el pueblo del Señor fuera profeta, que el Señor pusiera su espíritu sobre ellos."

"Moisés era muy manso, más que todos los hombres que había sobre la tierra", por eso heredó la tierra. Por su palabra, millones de personas fueron vestidas, alimentadas y protegidas durante años en un árido desierto.

La mansedumbre no reclama nada para sí, aparte de sus semejantes, por lo tanto, la mansedumbre nunca roba ni siquiera en el pensamiento.

"Cuando la abstinencia de robo, en la mente y en los actos, es completa en el yogui, él tiene el poder de obtener toda la riqueza material" —Patanjali.

La mansedumbre es la cura divina para la pobreza.

6. Bienaventurados los que tienen hambre y sed de justicia, porque ellos serán saciados.

Toda hambre y sed, en realidad, es de justicia. Aquel que piensa que lo que desea es pan y vino materiales, está bajo un engaño, y debe ser desengañado escuchando la verdad sobre sí mismo. Comer carne y beber vino solo traen satisfacción temporal, para ser seguida por el hambre de nuevo. Pero reconocer que la palabra de la Verdad satisface todos los apetitos es la completa curación de todas las formas de embriaguez y lujuria.

En Cristo no se destruyen los apetitos ni se matan los deseos, sino que todos son redimidos obteniendo satisfacción en Dios, en lugar de hacerlo en las cosas materiales.

7. Bienaventurados los misericordiosos, porque ellos recibirán misericordia.

El que no da dolor a otro, ni de pensamiento, ni de palabra, ni de obra, está exento de dolor para siempre. Quien no castigue a otro, ya sea que lo merezca o no, está libre de toda aflicción.

8. Bienaventurados los de limpio corazón, porque ellos verán a Dios.

Los puros de corazón son los que ven solamente la Divinidad en todo. El puro en nosotros es el que, desde el principio, contempla siempre el rostro de Dios. Es nuestra primera y verdadera naturaleza, que no conoce ni el bien ni el mal, sino solo a Dios. Es nuestra naturaleza infantil. El que es puramente semejante a un niño nunca ve la impureza, porque para el puro todas las cosas son puras. El que ve a Dios en todos y en todo es puro de corazón.

9. Bienaventurados los que procuran la paz, porque ellos serán llamados hijos de Dios.

La paz es Dios. Los que procuran la paz son los manifestantes de Dios. El manifestante de Dios es su hijo, el Hijo.

10. Bienaventurados los que han sido perseguidos por causa de la justicia, porque de ellos es el reino de los cielos.

11. Bienaventurados serán ustedes cuando los insulten y persigan, y digan toda clase de mal contra ustedes falsamente, por mi causa.

12. Regocíjense y alégrense, porque la recompensa de ustedes en los cielos es grande, porque así persiguieron a los profetas que fueron antes que ustedes.

Aprende esto de la Verdad, oh mortal: que en todas las circunstancias eres bienaventurado; no solo cuando tus circunstancias son armoniosas y tu suerte es claramente feliz, sino también en medio de los males. Tu regocijo no está en las persecuciones ni en los tormentos, sino porque sabes elevarte por encima de todos ellos, y quitarle todo el aguijón al insulto y a la acusación. El verdadero cristianismo nunca se aflige ni se entristece, porque considera que toda aflicción y persecución no son nada, y no tiene poder para dañar a aquellos que no reconocen su poder debido a su lealtad al verdadero poder del Bien, el único Dios. Tal actitud mental hacia el mal lo llevan a uno triunfante y sin dolor a través de todas las cosas.

Demuestra que puedes mantener tu alegría en medio del dolor y mantener tu paz en medio del tormento y, a partir de entonces, sabrás que nadie puede quitarte tu alegría. Tienes la fuente en ti mismo.

La Sal y la Luz

13. Ustedes son la sal de la tierra; pero si la sal se ha vuelto insípida, ¿con qué se hará salada otra vez?, de ahí en adelante, ya no sirve para nada, sino para ser echada fuera y pisoteada por los hombres.

La sal conserva y purifica. No solo tiene un sabor propio, sino que realza el sabor de todo lo demás. Como ministro de la Verdad, el ser humano purifica la tierra del pecado y la enfermedad, y preserva la vida, la salud y la santidad. Todo talento, genio y toda forma de Bien se eleva y realza al salarlo con la Verdad.

El sabor de la sal es su espíritu. Aquellos ministros que dan la teoría o la doctrina de Jesucristo sin hacer las obras, son como sal sin sabor. Se vuelven como la sal que los judíos solían recolectar en el lago Asfaltites y que ponían en el piso del templo para evitar resbalar en tiempo de lluvia. No son inútiles, evitan que los pies del pueblo resbalen; pero aún les queda un oficio superior.

14. Ustedes son la luz del mundo.

Yo soy la luz del mundo. Una luz en todo, incluso en Dios.

Una ciudad que está asentada sobre un monte no se puede ocultar.

15. Ni se enciende una lámpara y se pone debajo de un almud, sino sobre un candelero y alumbra a todos los que están en la casa.

16. Así brille la luz de ustedes delante de los hombres, para que vean sus buenas obras y glorifiquen a su Padre que está en los cielos.

El que posee la Verdad no puede ser ocultado. Que nadie oculte las revelaciones de Dios que se le han dado. Una luz no debe ponerse debajo de un medidor de granos (un bushel), de la misma manera, la Verdad no debe ocultarse, sino que debe darse al mundo en un lenguaje apropiado y útil (el candelabro), para iluminar a todos los de la casa, el estado mental que esté listo para ser beneficiado por ella. Durante mucho tiempo, el miedo ha mantenido muchas de las grandes verdades fuera de la comprensión de la gente. Ahora se están revelando todas las cosas.

La Ley

17. No piensen que he venido para poner fin a la ley o a los profetas; no he venido para poner fin, sino para cumplir.

18. Porque en verdad les digo que hasta que pasen el cielo y la tierra, no se perderá ni una jota ni una tilde de la ley, hasta que todo se haya cumplido.

19. Cualquiera, pues, que quebrantare uno solo de estos mandamientos, aun de los más pequeños, y así lo enseñe a los hombres, pequeño será llamado en el reino de los cielos; pero cualquiera que los haga y los enseñe, este será llamado grande en el reino de los cielos.

20. Porque les digo que si su justicia no supera la de los escribas y fariseos, no entrarán en el reino de los cielos.

Los fariseos eran las personas de iglesia, que eran muy estrictas en el cumplimiento de la letra de la ley, pero que no participaban en las promesas que se habían dado a los que debían cumplir la ley. Se les había prometido inmunidad contra todas las enfermedades, contra las hambrunas y la pobreza. Ellos debían ser libres de toda esclavitud, y ser honrados y enriquecidos sin límite. Sin embargo, estaban llenos de enfermedades, lepra y demonios, y esclavizados por un pueblo que adoraba a dioses extraños. Muchos de ellos, al darse cuenta de esto, cometieron el error de pensar que se necesitaban más leyes, y más estrictas, para obtener el favor de Jehová, e hicieron leyes más duras y se impusieron más cargas, hasta que se vieron en una abyecta esclavitud en todos los sentidos, y no vieron cómo salir de su condición; todo esto porque ignoraban sus propios poderes milagrosos.

La ley había sido dada a Moisés para sacar a la gente de sus penas y privaciones, y no para esclavizarla; y esto es cierto de todas las enseñanzas de cualquier gran maestro de la vida. Las leyes de Jesucristo son para liberar a la raza. Pero las falsas interpretaciones que ha hecho la humanidad de sus palabras, les han añadido penas y condenas.

"No piensen que yo los acusaré delante el Padre. Yo no juzgo al hombre. La palabra que he hablado le juzgará", por el significado que él le otorgue.

La ley se cumple y desaparece cuando se comprende y se obedece su espíritu. Toda la enseñanza de Jesús es cómo pensar en el corazón, cómo cumplir la ley en la mente y el corazón. Si una persona no se enoja en su corazón ni destruye con su mente, no matará exteriormente. Si una persona deja de tener pensamientos lujuriosos, no cometerá adulterio. Esto es cierto para cada ley; cúmplela en espíritu y de seguro la cumplirás en la letra. Pero la letra de la ley no queda abolida hasta que no se cumplen tanto el espíritu como la letra. El que así las cumple es como el Cristo, una ley para sí mismo, y por encima de la ley.

La afirmación del versículo diecinueve es una de las más místicas y maravillosas de las declaraciones de Jesús. Medítala bien en tu corazón. ¿Quién es el que está en el Reino de los Cielos? Es el Hijo de Dios, tu Yo divino.

"Nadie subió al cielo, sino el que descendió del cielo, el Hijo del Hombre, que está en el cielo" (Juan 3:13).

Entonces, ¿quién es el más pequeño en el Reino? El Hijo de Dios.

¿Y quién es el más grande? El hijo de Dios.

"Yo soy el Alfa y la Omega, el principio y el fin, el primero y el último" (el último, el menor).

Entonces, ¿quién enseña a la gente a quebrantar los mandamientos, y quién a cumplirlos? El mismo, el Hijo de Dios. Jesús mostró cómo quebrantar la ley del Sabbat en su cumplimiento, y en algún momento de su vida les enseñó cómo romper la esclavitud y las limitaciones de toda ley mediante su correcto cumplimiento.

¿Cómo testifica Jesús que el Hijo de Dios es el más pequeño en el Reino de los Cielos? Con sus palabras:

"Entre los que nacen de mujer no se ha levantado otro mayor que Juan el Bautista; pero el más pequeño en el reino de los cielos, mayor es que él" (Mateo 11:11).

Combinando estas declaraciones de Jesús tenemos: Cualquiera que quebrante uno de estos mandamientos más pequeños, y así lo enseñe a la gente, será llamado mayor que Juan el Bautista.

La Escritura no puede ser quebrantada, sino por la mano maestra que sabe cómo cumplirla en la abolición.

La justicia que supera a la justicia de los fariseos es esa bondad que está por encima de la forma exterior y es

13

independiente de ella. Esa comprensión del pensamiento correcto es el Camino. Es no conocer ni el bien ni el mal, sino solamente a Dios.

Cuando uno piensa que no puede caminar en la justicia de Jesucristo, entonces que cumpla la justicia de Moisés.

"Cuando se pierde Tau (el Camino), viene la virtud; cuando se pierde la virtud, viene la benevolencia; cuando se pierde la benevolencia, viene la justicia; cuando se pierde la justicia, viene el decoro. Porque el decoro es el simple esqueleto (la atenuación) de la fidelidad y la fe, y el precursor de la confusión" (Lao-tsze, con comentarios del intérprete).

Esto se aplica a todos los actos de la vida. Si no puedes hacerlo de la manera perfecta, hazlo de la manera virtuosa; si no es por virtud, entonces por caridad; si no es por caridad, entonces por justicia; si no es por justicia, entonces por decoro. Es el menor, pero es mejor que ningún buen motivo.

La parábola del mayordomo infiel, en el capítulo dieciséis de Lucas, lleva la misma instrucción.

La más alta justicia o rectitud es a la manera de Jesucristo, pero hay una justicia o rectitud del mundo. Si no puedes alcanzar la primera, sigue la última. La justicia del mundo trae felicidad temporal, mientras que la justicia de Jesucristo es la entrada al Reino de los Cielos aquí y ahora.

La justicia del mundo, o de los fariseos, como lo expresó Jesús, es una observancia externa de las leyes morales o éticas. Pero para entrar en el Reino de los Cielos hay que saber guardar la ley interiormente, que es una justicia que excede la manera antigua, y está tan por encima de ella como los cielos están por encima de la tierra. Este cumplimiento interior de la ley es el tema del resto del discurso de Jesús en el monte.

Salvación de la Ira

21. Ustedes han oído que se dijo a los antepasados: No matarás; y todo el que matare estará expuesto a juicio.

"Han oído". Jesús se está dirigiendo a aquellos que han oído y han sido formados bajo la Ley Moral. Aquellos que han sido educados en el mundo, ya sea por ellos mismos o por otros, para seguir un código de ética o cualquier ley de moralidad, espiritualmente hablando, son israelitas o judíos.

La doctrina de Cristo siempre se predica primero a Israel (Mateo 10: 5-6; 15:24), a aquellos que tienen algún tipo de entendimiento de lo que es lícito y correcto, y hasta cierto punto lo siguen. "La salvación es de los judíos" (Juan 4:22) significa que los pasos que conducen al camino consisten en guardar la letra de la Ley Moral. Pero recorrer el camino es saber cumplir el espíritu de esas mismas leyes, y luego cumplirlas.

Jesús no da ninguna ley nueva, sino que toma las que el pueblo ya tiene, y muestra el cumplimiento espiritual de las mismas.

Muchas personas no matarían con sus manos, o por cualquier acto externo romperían esa ley: "No matarás", y, sin embargo, se justifican por tener pensamientos de ira y venganza hacia los demás.

> 22. Pero yo les digo que cualquiera que esté enojado con su hermano, estará en peligro del juicio: (Versión Revisada).

La versión anterior tiene la frase "sin causa", la cual ahora se considera una interpolación y debe ser omitida. Destruye por completo la fuerza del mandato de Jesús, porque nunca hubo alguien enojado que no pensara que tenía motivos para su enojo en el momento de su cólera. La instrucción de Jesús es que el que se enoja está tan expuesto al juicio como el que mata directamente. No basta con abstenerse de actos o palabras airadas; hay que estar perfectamente libre de pensamientos airados.

¿Cuál es el juicio al que está expuesto el individuo? ¿Acaso Jesús se refiere a un día en un futuro lejano, o a algún gran acto de fatalidad? En absoluto, pues dice:

> "Ahora es el juicio de este mundo; ahora el príncipe de este mundo será echado fuera" (Juan 12:31)

Declarando así que el juicio ya está establecido en el mundo, y que es algo cotidiano y no un acontecimiento futuro.

¿Cuál es el juicio que la ira trae al individuo? La confusión y la desarmonía, tanto en sus circunstancias como en su cuerpo. ¿Por qué las personas no pueden ver la estrecha relación entre los pensamientos de la mente y los órganos del cuerpo? Cuando una fuerte emoción llena la mente y el corazón, observa cómo cambia la circulación de la sangre; cómo se precipita o se aleja del rostro; cómo se hiela de miedo o se vuelve febril; cómo interfiere con la digestión, nubla los ojos, ensordece los oídos, etc. Esto lo vemos claramente cuando las emociones son fuertes; pero cuando son de naturaleza débil aunque persistente, su efecto inmediato no es tan claro. Pero si se deja que la sangre se inflame día tras día durante muchos meses, entonces se empieza a ver el resultado de congestión e inflamación en algún órgano del cuerpo. La ira continuada produce enfermedad, y no hay curación de ciertas dolencias crónicas, sino mediante la limpieza del corazón de todos los pensamientos y tendencias de ira.

Estudiante espiritual, ¿te ves obligado a reprimir continuamente la ira?, ¿eres impaciente?, ¿permites que tu temperamento espume y fermente en tu interior? Tal vez rara vez digas una palabra de enojo, rara vez actúes con impaciencia. Si has conseguido controlar tu lengua y tus manos, está bien; estás cumpliendo la letra de la ley: ahora debes aprender a cumplir el espíritu. La irritación interior debe ser eliminada para que puedas ser curado.

Esta es la curación de la ira: Recuerda que tu Padre celestial es Amor, y tú, el hijo del Amor, espiritualmente estás hecho a imagen y semejanza del Amor inmutable;

por lo tanto, los pensamientos de ira no tienen un lugar real en ti y no te pertenecen en absoluto. Son una creación falsa, y no tienen vida real, fuerza o poder real. Cuando empiecen a surgir en tu corazón, diles calmada y amorosamente: "No eres nada y no tienes lugar en mí. Yo soy el hijo del Amor, y solo los pensamientos de Amor pueden vivir en mí". Vigila y reza sin cesar, y la liberación será tuya.

> "Y cualquiera que diga: «Raca» a su hermano, será culpable delante de la corte suprema; y cualquiera que diga: «Idiota», será reo del infierno de fuego" (Mateo 5:22)

El Cristo nos instruye que no llamemos a nadie despreciable o vulgar (raca), ni tonto. A los ojos de Dios, todos son igualmente valiosos, sabios y divinos. Quien considera a su prójimo como un cuerpo de carne, o una criatura mortal, comete un error, y es propenso a caer en la confusión y la ceguera a causa de su ignorancia. Si piensa que alguien es tonto, está expuesto (en peligro de) hacer un muro que lo aleje de su herencia divina. Los fariseos pensaron que Jesús era un necio y, al despreciar sus palabras, perdieron su oportunidad. No llames a nadie loco o tonto porque no estás de acuerdo con él. El sabio escucha tranquilamente a todos sin prejuicios ni desprecios, y no se apresura a aceptar o rechazar, viendo que hay algo de verdad detrás de cada afirmación que se pueda hacer, y sabiendo que de aquellos que son sinceros y serios en su búsqueda de la Verdad, el error caerá por la misma falta de alimento.

Asimismo, no consideres nunca a nadie fuera de los límites de la salvación. Nadie carece de valor; nada puede igualar el valor del alma inmortal, que es el verdadero Ser de todos los que son llamados "raca".

El juicio, el concilio y el fuego del infierno son tres términos simbólicos utilizados para indicar tres etapas o estados de la mente, resultado de mantener pensamientos falsos en el corazón. La primera palabra se refiere a un tribunal común que tenían los judíos, formado por veintitrés hombres, y que poseía el poder de condenar a los hombres a la muerte, ya sea por decapitación o por estrangulamiento. La segunda es el Sanedrín, formado por setenta y dos hombres, ante el cual se juzgaban los delitos más graves, y que era el único que tenía la facultad de condenar a muerte por lapidación, considerada más terrible que las otras penas de muerte. La tercera es Gehena, un valle fuera de los muros de Jerusalén en el que se mantenía un fuego ardiendo continuamente para consumir los desechos de la ciudad, los cadáveres de las bestias y los cuerpos insepultos de los criminales que habían sido ejecutados. Todas estas palabras son utilizadas alegóricamente por Jesús, y no se refieren a los lugares a los que se va después de la muerte, sino a las experiencias por las que pasan las personas a nuestro alrededor a causa de las pasiones incontroladas, y de las que la Verdad, nuestro salvador, ha venido a liberarnos.

23. Por tanto, si llevas tu ofrenda al altar, y allí te acuerdas que tu hermano tiene algo contra ti;

24. Deja allí tu ofrenda delante del altar, y ve; reconcíliate primero con tu hermano, y luego ven y presenta tu ofrenda.

Ya que "la hora viene, y ahora es, cuando los verdaderos adoradores adorarán al Padre en espíritu y en verdad" y no en templos de piedra, por lo tanto, el altar mencionado aquí debe ser espiritual y no material. Ese altar es el corazón, el interior, y los regalos que traemos a nuestro Dios son todos nuestros deseos, pensamientos, oraciones, obras, sacrificios y alegrías. Al ofrecerlos al Gran Bien nos identificamos con él, y atraemos sobre nosotros la armonía, la alegría, la paz, la vida y la salud que son el Reino de los Cielos. ¿Por qué muchos han llevado tantas veces sus dones a Dios, y aparentemente no han sido aceptados? Han dado en caridad cientos de dólares, sin embargo, sufren la pobreza; han rezado muchas oraciones, pero ven poco retorno. Es porque no han estudiado las instrucciones del Maestro lo suficientemente de cerca; porque él nos ha dado una guía perfecta para la vida correcta y, de seguro, en algún lugar entre sus dichos encontraremos la clave que resolverá todos los acertijos que se encuentran en la experiencia humana.

Justo aquí, en estos dos versículos, se encuentra una de las soluciones a las preguntas tan repetidas: "¿Por qué no se responde a mi oración?" "¿Por qué mis tratamientos son tan ineficaces?"

Cuando entres en el silencio para comulgar con tu Bien, y de pronto recuerdes que alguien está enojado contigo, o tiene algo contra ti, primero ve y reconcíliate con tu hermano; luego regresa, y todo estará bien.

Aquí Jesús muestra que no conviene que nadie se enoje con nosotros. No importa cuán injustificada pueda ser su postura, debemos hacer nuestra parte para lograr la verdadera reconciliación. Pero alguien dice: "Supongamos que no hay reconciliación". No existe tal cosa como el fracaso con el verdadero Amor. Sé tan ferviente en eso, como lo has sido en otras cosas. Pide a Dios; todo es posible para los que creen. El inarmónico muro de la ira o la venganza de tu hermano debe ser traspasado por tu amor que todo lo vence. Un enemigo reconciliado se convierte en una poderosa hueste que te lleva a una realización más elevada y más grande del Reino divino aquí.

La reconciliación comienza en el corazón. Cuando el amor y el deseo de uno se dirigen hacia otro para lograr la armonía y la paz mutua, a menudo el Espíritu nos devuelve la dulce seguridad de que se ha hecho, incluso cuando el otro se encuentra al otro lado del mar y lejos de la comunión personal, tal es el poder del pensamiento correcto.

25. Ponte de acuerdo rápidamente con tu adversario mientras vas con él por el camino; no sea que en algún momento tu adversario te entregue al juez, y el juez te entregue al alguacil y seas echado en la cárcel.

26. En verdad te digo, no saldrás de allí hasta que hayas pagado el último centavo.

El adversario (literalmente, oponente a la ley) es el acusador, a veces llamado Satanás, enfermedad, dolor, condenación, aflicción, muerte, etc.

Jesucristo nos da esta instrucción de pacto para escapar de nuestro adversario y no convertirnos en esclavos o sujetos del mal, como resultaría si nos opusiéramos a ello. Aquí se enseña una de las grandes tácticas del Espíritu, la sabiduría de la serpiente combinada con la inofensividad de la paloma. Muchos males se escapan al ignorarlos, o al no preocuparse por ellos.

Sabio es aquel cuya no-resistencia se basa en el conocimiento de lo que es real y lo que es falso. No lucha contra el mal, ya que sería como alguien que lucha contra las sombras y pelea con la oscuridad. La sabiduría enseña a sus hijos a dispersar las tinieblas trayendo la luz, y a vencer el mal mediante la no resistencia.

Tu adversario no es necesariamente un enemigo. Tu acusador puede ser tu mejor amigo. Tal vez te acuse de egoísmo, de engaño, de impureza o de algún otro rasgo falso, y puede parecerte muy injusto. Pero no te resientas. Reflexiona en tu corazón y puede que descubras algún error sutil que hasta ahora ha estado demasiado oculto para ser visible para ti. Si no te resistes, tal vez te liberes de algún enemigo secreto. "Los enemigos del hombre serán los de su propia casa".

Si este rasgo se hubiera dejado aumentar, finalmente te habría puesto bajo la Ley Mosaica (el juez), y serías entregado al "oficial" (la experiencia), y serías arrojado a la esclavitud de la mente y el cuerpo, como a una prisión. Allí permanecerías hasta que hubieras pagado el último centavo, es decir, hasta que la causa de tu esclavitud, ciertos pensamientos falsos, hubieran sido completamente cancelados y reemplazados por pensamientos verdaderos. Siempre es Cristo (la Verdad) quien paga el último centavo y finalmente lo libera a uno de las garras de la ley.

"Así que, si el Hijo los hace libres, ustedes serán verdaderamente libres" (Juan 8:36).

Pureza

27. Ustedes han oído que se dijo: "No cometerás adulterio".

28. Pero yo les digo que todo el que mire a una mujer para codiciarla, ya cometió adulterio con ella en su corazón.

No solo hay que ser casto de palabra y de obra, sino también en los pensamientos más secretos. El pensamiento es la fuente de la acción, y para limpiar una fuente hay que empezar por su origen.

La lujuria no tiene lugar en la mente espiritual. Cualquier sentimiento que no sea elevado y santo es adúltero, es decir, idólatra y debe ser expulsado del corazón por la Verdad. La libertad del adulterio y del pensamiento impuro viene de amar solamente a Dios. Cuando una persona ama a Dios, solo el Espíritu, en una mujer, entonces ningún deseo carnal puede entrar en su corazón, aunque ella sea su legítima esposa.

Jesús no hace ninguna excepción en esta declaración; no debe haber lujuria en el corazón de un hombre hacia ninguna mujer, ni siquiera hacia su esposa; porque la verdad es que solo hay un matrimonio, la unión con Dios. La verdadera esposa de todo hombre es el Espíritu Santo, y Cristo es el verdadero esposo de toda mujer.

"No todos pueden recibir esta palabra, sino solo aquellos a quienes es dado" (Mateo 19:11).

Aquellos que siguen de cerca a Cristo desechan todo apetito sensual, para que se manifieste en ellos su verdadera correspondencia espiritual.

29. Si tu ojo derecho te hace pecar, arráncalo y tíralo; porque te es mejor que se pierda uno de tus miembros, y no que todo tu cuerpo sea arrojado al infierno.

30. Y si tu mano derecha te hace pecar, córtala y tírala; porque te es mejor que se pierda uno de tus miembros, y no que todo tu cuerpo sea arrojado al infierno.

La palabra "derecha", utilizada en las Escrituras, significa nuestra creencia en lo que es bueno y correcto; y la palabra "izquierda", nuestra creencia en lo que es malo y misterioso. Por ejemplo, Dios, razonando con Jonás, dice:

"¿Y no he de apiadarme yo de Nínive, la gran ciudad, en la que hay más de ciento veinte mil personas que no saben discernir entre su mano derecha y su mano izquierda?" (Jonás 4:11).

Ellos eran como los niños descritos en el capítulo primero del Deuteronomio, versículo treinta y nueve, que no podían discernir entre el bien y el mal, sin embargo, debido a su inocencia, entraron en la tierra prometida.

El "ojo derecho" es la percepción de lo que es bueno y correcto. Si tu sentido de lo que es justo y lícito se interpone en el camino de tu avance espiritual ("te perjudica"), arráncalo. Puede ser una relación que, de acuerdo con la ley, es correcta y justa; pero:

"Cualquiera de ustedes que no renuncie a todas sus posesiones, no puede ser mi discípulo" (Lucas 14:33).

El arrancar y desechar es un proceso del corazón. La correcta abnegación tomada a tiempo salva al sabio de ser sumergido en el infierno mental y físico, algún vicio o enfermedad, dolor o error.

La "mano derecha" es una acción o un poder que uno cree que es justo y que conduce, o que es necesario, para la propia felicidad. Cuando Jesús le dijo al joven que tenía grandes posesiones que para poder avanzar en la vida espiritual debía vender todo lo que tenía y dárselo a los pobres, era el mismo consejo que el de cortar la mano derecha.

Cualquier placer, lícito o no, que nos haga olvidar a Dios y nuestra naturaleza espiritual es un obstáculo, y la Verdad debe eliminarlo. Más vale desechar una alegría temporal que permanecer sin la conciencia de nuestra felicidad eterna.

31. También se dijo: "Cualquiera que repudie a su mujer, que le dé carta de divorcio".

32. Pero yo les digo que cualquiera que repudie a su mujer, a no ser por causa de fornicación, hace que ella adultere; y el que se casa con la repudiada, comete adulterio.

No existe el divorcio en la mente espiritual. El verdadero matrimonio es del espíritu y no de la carne. En el matrimonio divino, como en la vida divina, no hay principio ni fin. El divorcio es la muerte, y pasar de un estado matrimonial a otro es como pasar de un plano de existencia (físico) a otro (psíquico), no siendo ninguno de ellos el verdadero estado, como lo demuestra el hecho de que tengan principio y fin. Los que buscan el divorcio para liberarse de un falso matrimonio son como los que buscan la muerte para liberarse de la vida. Puede traer un alivio temporal, pero deja el problema sin resolver. En el conocimiento de Cristo, de que solo con Dios estás casado, está la libertad de los males de un matrimonio carnal.

Jesús no da ninguna causa para el divorcio. Es solo Moisés el que justifica el divorcio. Los hombres han dicho que Jesús permitía el divorcio cuando la causa era el adulterio, diciendo que en el versículo treinta y dos se refería al adulterio con la palabra "fornicación"; pero eso no es así. Él utilizó cuidadosamente sus palabras, y porneia (fornicación) es muy diferente de moicheuo (cometer adulterio). El primero es el acto de una persona que no está casada, el segundo de una que está casada. Entonces, ¿en qué sentido puede aplicarse esta palabra, usada para los solteros, a los individuos casados? Solo en un sentido, el espiritual.

Aquel que consagra sus poderes generativos a Dios entra en el estado regenerativo y desde entonces genera espiritualmente y no físicamente. Tal persona, ya sea casada (según el mundo) o no casada, se convierte en virgen o eunuco, uno que no está casado (Ver Mateo 19: 10-12). Si tal persona repudia a su esposa para abstenerse de fornicar, está exenta de hacer que su esposa cometa adulterio.

El pensamiento impuro se aparta de la mente y del corazón, recordando continuamente que no eres un ser carnal en tu verdadera naturaleza, sino espiritual, semejante a tu Padre, Dios. Tú no eres carne. Tú eres espíritu, no creado por leyes carnales o sensuales, sino creado por el Amor puro y santo; y solo los pensamientos castos y puros pueden entrar en tu mente o salir de tu corazón.

"Bienaventurados los de limpio corazón, porque ellos verán a Dios".

No Jurar en Absoluto

33. También han oído que se dijo a los antepasados: No jurarás falsamente, sino que cumplirás tus juramentos al Señor.

34. Pero yo les digo: No juren de ninguna manera; ni por el cielo, porque es el trono de Dios.

35. Ni por la tierra, porque es el estrado de sus pies; ni por Jerusalén, porque es la ciudad del gran Rey.

36. Ni jurarás por tu cabeza, porque no puedes hacer blanco o negro ni un solo cabello.

37. Antes bien, sea el hablar de ustedes: "Sí, sí" o "No, no"; porque todo lo que es más de esto, del mal procede.

Cualquiera que jura algo, hace un voto, hace un juramento, hace una promesa, hace una resolución o se sujeta de algún modo con su palabra, se coloca bajo la ley mosaica y puede incurrir en una pena por infringir la ley que se ha impuesto a sí mismo.

El juramento, la promesa y el voto surgen de dos errores comunes: primero, la creencia en el futuro; segundo, la desconfianza y la falta de fe. Solo existe el eterno "ahora" en el que debemos vivir, y todo lo que afirmamos debe ser del presente. El sabio dice: "Es", y es así; "No es" y ciertamente no lo es. Todo lo que sea más que una afirmación o negación simple y directa proviene de la creencia en el mal.

El que confía en sus semejantes no necesita promesas ni juramentos. El que confía en el Espíritu Divino dentro de sí mismo sabe que su palabra es tan buena como el oro y que no necesita el respaldo de un juramento, un voto o una promesa; está dispuesto a dejarla ir en toda su sencillez, confiando en la Verdad que hay en ella para darle aceptabilidad y sustancia.

El cielo es el trono de Dios. El cielo está dentro de ti, por lo tanto, Dios está entronado ahora en tu corazón, y siempre lo ha estado; porque Dios, el inmutable, no va y viene, sino que permanece siempre en el mismo estado o lugar. "He aquí yo estoy contigo siempre"; "Nunca te dejaré ni te desampararé". La tierra es el estrado de sus pies. La "tierra" es el gran estado negativo en el que se incluye todo lo que es material, malo y hostil a Dios. Es el estado que hay que vencer o superar, y que ha de ser puesto bajo los pies.

El ser humano, imitando a Dios, debe aprender a tener dominio sobre la tierra, y a poner todo lo terrenal bajo sus pies.

"Siéntate a mi diestra (en el poder del bien), hasta que ponga a tus enemigos por estrado de tus pies". (Salmos 110:1)

"No puedes hacer blanco o negro ni un solo cabello" usando palabras falsas, que son los juramentos. Solo las palabras verdaderas tienen poderes mágicos reales. Aquel que desee que todas sus palabras sean mágicas, y que produzcan lo que desea, debe tener cuidado de pronunciar siempre palabras que sean absolutamente verdaderas y que se basen en principios divinos.

Que tu comunicación sea "Sí, sí" a todo lo que es eternamente bueno y santo, y "No, no" a todo lo que es contrario a Dios —malo y de la naturaleza carnal. Siempre honesto, directo, valiente y amoroso, cuanto más simple y directa sea tu palabra, más divina será tu manifestación.

La Doctrina de la No-Resistencia

38. Ustedes han oído que se dijo: "Ojo por ojo y diente por diente".

39. Pero yo les digo que no resistan al que es malo.

Según la justicia del mundo, el mal debe ser devuelto por el mal, para que el mal disminuya. Esta es la enseñanza más elevada que puede dar el mundo; y la mayoría de los legisladores solo han visto la justicia en devolver bien por bien y mal por mal. Moisés dice:

"Tu ojo no tendrá piedad: vida por vida, ojo por ojo, diente por diente, mano por mano, pie por pie" (Deuteronomio 19:21).

En la actualidad, estas mismas leyes antiguas siguen estando vigentes, y aquellos que se llaman a sí mismos cristianos piensan que están sirviendo a Dios y que es para el bien de la gente asesinar a los asesinos; si un hombre roba, robarle su libertad y, en todo sentido, recompensar el mal con el mal; mientras que las enseñanzas de su Maestro son muy claras y sencillas: "No resistan al mal".

Las antiguas leyes de compensación, mal por mal, se basaban en la creencia de que el mal es una gran realidad; de hecho, para la mayoría de la gente, la mayor realidad del mundo: incluso más que la existencia de Dios. Cuando la premisa, o la raíz, de una ley es falsa, entonces su promulgación es falsa y todos sus frutos son peor que inútiles.

"Todo árbol que no da buen fruto, es cortado y echado en el fuego" (Mateo 7:19)

"Cada árbol se conoce por su fruto" (Lucas 6:44)

Las antiguas leyes mosaicas nunca han abolido el mal, sino que cada mal (castigo) que se ha devuelto por el mal contenía en sí mismo las semillas de más males, por lo que el último estado del criminal promedio castigado es peor que el primero. Pero estas leyes son las que mejores que puede seguir la humanidad hasta la venida del Cristo; entonces es una ley para sí mismo, porque ve la interioridad de toda ley, y sabe cómo cumplirla en espíritu y en verdad.

El Cristo le revela al individuo que Dios, el Bien, es todo lo que existe realmente, y que el mal no es más que una negación, como la oscuridad, que no tiene sustancia ni lugar real, y que no debe ser combatido, al igual que los fantasmas o las sombras. Cuando una persona comprende que el mal es un engaño y que no tiene ningún poder o presencia real, adoptará el método de Cristo de simple no resistencia hacia él, y dirigirá sobre él la luz de la bondad pura, y la mantendrá allí persistentemente hasta que su oscuridad se convierta en luz.

La filosofía de la no resistencia al mal consiste en razonar que el mal no es nada, y no puede ser nada para nadie, a menos que le dé sustancia mediante su creencia en él y la consiguiente lucha contra él. Cada palabra o acto que reconoce un mal sirve para darle una existencia prolongada. La forma de contrarrestarlo es ignorándolo y siendo indiferente a él o, mejor aún, devolver un bien activo y sincero, entonces desaparecerá como desaparecen las sombras ante el sol.

"A cualquiera que te hiera en la mejilla derecha, vuélvele también la otra".

El lado derecho del cuerpo representa nuestras creencias positivas, lo que creemos que es correcto y bueno, y que ponemos en manifestación. El lado izquierdo del cuerpo representa nuestras creencias negativas, la parte desconocida o secreta de nuestra naturaleza, aquello que está oculto y encubierto. La palabra "derecha" ha llegado a significar el bien, y la palabra "izquierda" lo que es de carácter negativo, no siempre es malo pero generalmente considerado así. De este modo, una esposa morganática recibe el nombre de "esposa izquierda", y un hijo ilegítimo, "hijo izquierdo", etc.

Con este entendimiento del simbolismo de la derecha y la izquierda, podemos ver por qué Jesús dijo "en la mejilla derecha" en lugar de la izquierda. Si alguien te ataca en lo que sabes que eres bueno y estás en lo correcto, vuelve mentalmente el lado negativo, o secreto, de tu naturaleza, y deja que reciba el golpe. Cuando uno es golpeado en la mejilla izquierda, o es acusado de aquello que puede verse claramente (la mejilla está a la vista) como un error o una falta, entonces no es un esfuerzo no resistir, sino que es la política o la cortesía del mundo ofrecer la mejilla derecha, que es disculparse y hacer las cosas bien. Pero es propio de Cristo callar ante una agresión inmerecida, e incluso considerarla merecida, ya que ninguna carne es justificada ante la ley. (Salmos 143:2; Eclesiastés 7:20). Poniendo la otra mejilla al que te golpea, con el verdadero espíritu y una oración en tu corazón por tu agresor, no recibirás un segundo golpe, sino que, por el contrario, quitarás el aguijón del primer golpe, y convertirás a un enemigo en tu amigo.

40. Al que quiera ponerte pleito y quitarte la túnica, déjale también la capa.

"Y el que quiera juzgarte y quitarte la túnica, que se quede también con tu manto" (Traducción de Rotherhants).

El manto, o túnica, es una pequeña camisa de lana que se lleva junto al cuerpo; de poco valor, pero necesaria para dar calor, limpieza y comodidad. Significa todo lo que es una necesidad y comodidad para una persona. La capa o manto es una prenda exterior, no tan necesaria en la cálida Palestina, pero a menudo ornamental y de considerable valor pecuniario. Significa lo bello y valioso entre nuestras posesiones. Por lo tanto, si alguien quiere, por medio de la ley, quitarte lo más necesario de tu vida terrenal, en lugar de resistir a tu acusador, agrega algo más rico y más favorable.

"Porque la vida del hombre no consiste en la abundancia de los bienes que posee" (Lucas 12:15).

No hay "mío" ni "tuyo" en el Espíritu. Todas las cosas pertenecen a todos, porque Dios es el único poseedor y nosotros, como su Hijo, decimos:

"Todo lo que tiene el Padre es mío" (Juan 16: 15),

Y todos somos uno. Los primeros cristianos entendieron y practicaron esta enseñanza de Cristo.

"La congregación de los que creyeron era de un corazón y un alma. Ninguno decía ser suyo lo que poseía, sino que todas las cosas eran de propiedad común" (Hechos 4: 32).

41. Y cualquiera que te obligue a ir un kilómetro, ve con él dos.

Esto se refiere a una costumbre de los mensajeros romanos, que tenían autoridad para imponer a su servicio hombres, caballos y barcos, o cualquier cosa que se encontrara en su camino y que pudiera servir para acelerar su viaje. Jesús nos revela cómo tratar a los que quieren subirse a nuestros hombros o utilizarnos para su beneficio, y que incluso nos imponen, tiranizan o dominan. No te resientas en tu corazón ni exteriormente. Incluso cuando en tu progreso espiritual los pequeños en el camino se aferren a ti y demanden tu ayuda espiritual, pareciendo así entorpecer tu vuelo ascendente, no los evites ni los rechaces, sino que ayúdales, y en lugar de ser detenido serás acelerado en tu marcha espiritual. No resistas ninguna imposición, sino que sácala de tu vida dándole siempre más de lo que exige. No reconozcas nada como imposición, sino solo como oportunidades para prestar el servicio divino, y finalmente, por la perfecta no resistencia, toda forma de imposición será superada y desaparecerá por completo de tu vida.

42. Al que te pida, dale.

"A todo el que te pida, dale" (Lucas 6: 30) sin discriminación ni cuestionamiento en cuanto a si es digno de recibir o no. ¿Considera Dios si somos dignos al darnos la vida? Si la dignidad fuera la medida de nuestro recibir, entonces ninguna carne podría recibir los beneficios divinos. Pero hay uno en nosotros que es digno y a ese, su Hijo, Dios le da todo. Todo nuestro trato debe ser con el Cristo en nuestros semejantes. Si reconocemos solo lo divino en nuestro prójimo, entonces daremos rápidamente y sin cuestionar. No consideraremos cómo utilizará el regalo.

"¿A ti qué? Tú, sígueme" (Juan 21:22)

No estaremos dando a la naturaleza vagabunda o al mendigo o al borracho, sino a lo divino en cada uno de ellos, y el regalo llevará algo más que el beneficio material: una cualidad espiritual que hará que el receptor escuche la voz de su Ser interior, y a menudo será la apertura de la puerta hacia la vida más elevada y santa. Dale como al Señor, porque el Cristo interior dice:

"Tuve hambre y ustedes me dieron de comer; tuve sed y me dieron de beber… Les aseguro que todo lo que hicieron por uno de mis hermanos, aun por el más pequeño, lo hicieron por mí… Todo lo que no hicieron por el más pequeño de mis hermanos, tampoco lo hicieron por mí".

Tú no le das a nadie nada más que lo que le pertenece y es su derecho; y si retenemos a otro lo que le pertenece, ¿qué mejor somos que un ladrón?

No hay nada más riguroso que las enseñanzas de Jesús respecto a las posesiones. En lugar de resistirse al robo, dice:

"Al que te quite lo que es tuyo, no se lo reclames" (Lucas 6: 30)

En lugar de pedir la justa división de la herencia, él advierte a sus seguidores:

"Estén atentos y cuídense de toda forma de avaricia" (Lucas 12: 15).

No pongas valoración sobre ninguna cosa material y todo robo desaparecerá de tu vida. No te preocupes por las riquezas ni la pobreza y nunca tendrás necesidad y "al que quiera tomar prestado de ti, no le vuelvas la espalda".

No solo esto, sino "presta, sin esperar nada a cambio" (Lucas 6: 35). No busques intereses ni capital. Perdona absolutamente a tus deudores; no consideres a nadie, ni siquiera en pensamiento, como debiéndote algo. Deja de ser acreedor de la humanidad y dejarás de ser su deudor. Porque, así como perdonas a los demás sus deudas, así se cancelarán tus deudas, tanto materiales como espirituales. Olvida que alguna vez le diste a alguien. Dios, que equilibra y ajusta todas las cosas, lo recordará y

"Tu Padre que ve en lo secreto, te recompensará en público" (Mateo 6:6)

Vencer el Mal con el Bien

43. Ustedes han oído que se dijo: Amarás a tu prójimo y aborrecerás a tu enemigo.

44. Pero yo les digo: Amen a sus enemigos.

Ambas leyes tienen el mismo objetivo, la destrucción de los enemigos. El camino de Cristo es transmutar a los enemigos en amigos mediante la alquimia del santo fuego de amor. El amor divino que opera en el corazón de una persona le hace buscar el Ser espiritual en su enemigo y pensar en él, para intentar amar al Santo dentro de su enemigo. Tal amor obliga a que se manifieste la mejor naturaleza de su enemigo, y se obtiene la victoria. En cierta ocasión se le reprochó al rey Tolomeo que en lugar de destruir a sus enemigos los recompensaba. "¿Qué?" — dijo el noble monarca— "¿acaso no destruyo a mis enemigos cuando los hago mis amigos?"

Al inculcar esta doctrina, Jesús respaldó y acentuó una antigua enseñanza. Buda dice:

"A quien me hace mal tontamente, le devolveré la protección de mi amor incondicional; cuanto más mal venga de él, más bien saldrá de mí. El odio no cesa con el odio en ningún momento; el odio cesa con el amor: esta es una regla antigua".

Lao-tsze dice:

"Lo bueno lo atenderé con bondad. Lo que no es bueno también lo atenderé con bondad. Al fiel lo atenderé con fe. Al que no es fiel también lo atenderé con fe. La virtud es fiel. Recompensa el daño con bondad".

Los enemigos de un individuo no siempre son personas. Todo lo que es malo puede ser tu enemigo, la enfermedad, el pecado, el dolor, la pobreza, etc. Sin embargo, no debemos odiar ni siquiera a estos, sino que debemos buscar a Dios dentro de todos ellos, y amar el lado de Dios; porque todo tiene un lado verdadero que pueden encontrar los que buscan.

"Si en el infierno hiciere mi lecho, allí tú estás" (Salmo 139: 8).

Se verá que la doctrina de Cristo es incluso más que la no resistencia. Más allá de la actitud negativa e inconmovible hacia el mal, te lleva a una actitud muy activa, positiva, suprema y sobrenatural hacia todo el mal, superando todo con la omnipresencia y omnipotencia del Bien.

"Bendigan a los que los maldicen" (Lucas 6:28)

Esto no significa una simple bendición de labios. Aquellos que comprenden el poder de sus palabras se dan cuenta de que bendecir a otro con afirmaciones correctas es traerle un gran bien. Los antiguos conocían el valor de sus bendiciones y que una vez que su palabra había salido, ya nada podía regresarla, como cuando Esaú se lamentó por la bendición perdida y exclamó a su padre, Isaac:

"¿No tienes más que una sola bendición, padre mío? Bendíceme, bendíceme también a mí, oh padre mío" (Génesis 27: 38).

Cuando las bendiciones se enfrentan con las maldiciones, las palabras malvadas no pueden tener efecto. Las maldiciones son palabras malignas de cualquier tipo.

Por cada palabra mala que escuches, haz una afirmación silenciosa del bien, y responde a cada maldición con una bendición.

Haz el bien a los que te odian, tanto interior como exteriormente, tanto en secreto como abiertamente. Kant dice que "Ama a tu prójimo como a ti mismo" no contempla hacer el bien a nuestro prójimo como consecuencia de nuestro afecto interior por él, sino que contempla que adquiramos el afecto por él haciéndole el bien.

Hacer el bien, solo por amor al bien, es encender el corazón con amor; porque no podemos dejar de amar a quienes servimos voluntariamente.

"Y oren por los que los ultrajan y los persiguen"

Y cuando ores, cree que ya has recibido y recibirás. Enfréntate a todas las burlas e insultos de la gente, a todos los tratos despectivos y despreciativos, a todas las conductas atormentadoras y odiosas hacia ti, con un llamamiento sincero y silencioso a su naturaleza elevada y santa para que se manifieste. Invoca a su ser divino para que se manifieste con una persistencia que no acepte un "no" como respuesta, y ciertamente ganarás el día; porque las puertas del infierno no pueden resistir contra tal fe.

45. Para que ustedes sean hijos de su Padre que está en los cielos.

Para que seas hijo de tu Padre, no solo en el Principio, sino también en la manifestación; no solo en el reino de la Realidad, sino también en el reino de las apariencias. En verdad eres su hijo; demuestra tu carácter divino siendo como tu Padre.

"Porque él hace salir su sol sobre malos y buenos, y que llueva sobre justos e injustos".

"Y serán hijos del Altísimo; porque él es bondadoso con los ingratos y perversos" (Lucas 6:35).

No hay nada más que bondad en nuestro Dios; en él no hay venganza, ni castigo. Él devuelve el bien por el mal, siempre y para siempre. Nuestro Santo Padre es absolutamente bueno, y en él no hay mal alguno. Nunca envía la enfermedad, o la muerte, la pena, o el pecado, la desgracia, o la pobreza, o ninguna cosa mala. No resiste el mal, sino que ama a sus enemigos; bendice a los que le maldicen y hace el bien a los que le aborrecen. La justicia del mundo ha sido "bien por bien" y "mal por mal", pero la justicia de nuestro Dios es "bien por bien" y "bien por mal", siempre y para siempre el Bien.

46. Porque si ustedes aman a los que los aman, ¿qué recompensa tienen? ¿No hacen también lo mismo los publicanos?

47. Y si saludan solamente a sus hermanos, ¿qué hacen más que otros? ¿No hacen también lo mismo los gentiles?

A menos que tu bondad supere la justicia del mundo, no podrás entrar en tu herencia divina. Cualquiera puede dar el bien por el bien. Es natural ser cariñoso y amable con los que nos tratan bien. Es humano bendecir a los que nos bendicen, y hablar bien de los que son nuestros amigos. Todas estas cosas las haremos de forma natural simplemente al vivir en la antigua vida terrenal. Pero, ¿cómo avanzamos en la senda si vamos caminando en círculo? No es más que la antigua práctica de la cinta de correr del mundo, que deja a la persona y a su raza al final de su carrera terrenal justo donde la encontró.

Es fácil ser un ángel entre los ángeles, pero Dios exige que seas un Cristo entre los mortales; que demuestres tu divinidad en medio de la humanidad, tu divinidad en medio de los demonios.

48. Por tanto, sean ustedes perfectos como su Padre celestial es perfecto.

La perfección de Dios siempre ha sido perfecta. Dios no se volvió perfecto, sino que siempre fue, es y seguirá siendo perfecto. Por lo tanto, para ser tan perfecto como Dios, uno debe haber sido siempre perfecto. Esto es cierto para el Ser real. Era perfecto en el principio y lo es ahora. Nunca ha caído, ni ha pecado, ni ha sido imperfecto en ninguna medida. Regresa a tu Yo divino. Sé tu Yo real — esta es la esencia de la enseñanza de Cristo.

En el Lugar Secreto

El reino de la causalidad está en secreto. Todo el trabajo causativo del Padre se realiza en secreto, pero su fruto, o manifestación, está abierto. Esta verdad está simbolizada en toda la naturaleza, e incluso también en las artes humanas.

La semilla trabaja bajo tierra, a veces durante mucho tiempo, antes de que brote su hoja verde, y durante todo su crecimiento su laboratorio sigue siendo de lo más secreto. El bebé embrionario está oculto a la vista. Tanto la tierra como el mar cubren miles de tesoros — diamantes, perlas, oro, carbón, corales— todavía en proceso de formación, preparándose para la manifestación que puede ser dentro de siglos.

En las artes humanas continuamente se oculta el mecanismo que produce los trabajos de un reloj, el dínamo que ilumina, la cocina que produce el banquete;

no hay una obra de las manos humanas que no tenga su región secreta de causación.

Para ser dueño de cualquier obra de arte o de la naturaleza, uno debe ir directamente a su lugar secreto. Por eso, en este caso, Jesús quiere mostrarnos cómo entrar en el lugar secreto del Altísimo, el reino de la causalidad. Actúa como actúa Dios, que no se preocupa a qué atribuyen las personas sus buenas acciones. Deja que tus actos religiosos (versículo uno) sean muy secretos; tus obras de caridad (versículo tres), tus oraciones (versículo seis), tu abnegación (versículo dieciocho), todo debe tener su raíz en la Presencia secreta, para que su fruto sea de la naturaleza eterna y celestial.

2

Capítulo 6

Capítulo 6: versículo 1.

1. Miren que no hagan su limosna delante de los hombres, para ser vistos por ellos; de otra manera no tendrán recompensa de su Padre que está en los cielos.

La palabra "limosna" debe ser "justicia". Es una palabra griega diferente a la utilizada en los versos segundo, tercero y cuarto. Significa actos de devoción y observancia.

No hagas alarde de tu religión. No hagas nada, religioso o secular, para ser visto por los demás. Llama lo menos posible la atención sobre tu personalidad. No hagas propaganda de tus manifestaciones para hacer llamativa tu personalidad. Los que hacen esto obtienen una recompensa terrenal, pero se pierden la más elevada, que es el poder eterno de demostrar la pertenencia al verdadero Ser.

"Tener recompensa con (no de) su Padre que está en los cielos" es cosechar los mismos resultados al unísono con Dios.

"Mi Padre hasta ahora trabaja, y yo también trabajo" (Juan 5:17)

Nuevamente, esta instrucción del Maestro evitará que hagamos cosas para ser un ejemplo para alguien. Elimina toda autoconciencia humana y nuestras acciones serán sin pretensión, al igual que el niño pequeño que simplemente hace una cosa porque es natural. Hay un ejemplo para todo, incluso para Dios, y ningún ser humano es nuestro ejemplo, ni debe proclamarse a sí mismo como tal. Dios en Jesús es el que hay que seguir; Dios en mí, y Dios en ti y ningún otro. Esta indicación de no hacer nada para ser visto por los demás es otra forma (la negativa) de presentar la idea plasmada en el versículo dieciséis del capítulo cinco. Haz que tu luz brille de tal manera que los demás glorifiquen a tu Padre que está en los Cielos, y no a ti personalmente. Después de realizar una gran sanación u otra buena obra, si consigues que la gratitud de los beneficiarios se desvíe de ti hacia Dios, al igual que Jesús (Lucas 18:43), se cumplirá en ti lo mismo que se prometió a Moisés (Éxodo 7: 1) y a la casa de David (Zacarías 12:8), y manifestado en Jesús, que se hizo como Dios para el pueblo.

2. Por eso, cuando des limosna, no toques trompeta delante de ti, como hacen los hipócritas en las sinagogas y en las calles, para ser alabados por los

hombres. En verdad les digo que ya han recibido su recompensa.

La palabra "hipócrita" proviene del griego hupokrites, que significa actor de teatro o actor enmascarado. En aquellos tiempos era costumbre que los artistas anunciaran su llegada (como en el circo de hoy) con anuncios a través de trompetas y desfiles, o algún tipo de espectáculo. La palabra hupokrite no se utilizaba entonces en el mal sentido que tiene ahora, sino que podía ser un epíteto de alabanza o de crítica, según el juicio individual del oyente. Si hoy en día se llama a alguien "buen actor", todo dependerá de la conexión de las palabras para saber si es un cumplido o un término de oprobio.

Tomado en su sentido más amplio, vemos que todos los seres humanos somos actores (hipócritas). Parafraseando a Shakespeare: "Todo el mundo es un escenario, y todos los hombres y mujeres simplemente hupokrites". La palabra latina persona, de la que procede "personalidad", es idéntica en su significado a hupokrites. Así vemos que la palabra "hipócrita" podría aplicarse a cualquier personalidad, que no es más que una máscara del verdadero Ser. Como seres pecadores aparentamos ser lo que no somos; porque ¿no somos en realidad seres puros y santos, sin embargo, parecemos ser mortales, débiles y enfermizos? No seas como los hipócritas, sino que muéstrate como eres; actúa tu verdadero carácter, que es perfecto.

No hagas sonar ninguna trompeta delante de ti. "No recibo honores de los hombres", dice el Cristo. Es de naturaleza humana amar la alabanza de la gente, pero es divino amar solo la alabanza de Dios. En todos los sentidos, Jesús quiere que elevemos nuestros amores humanos a lo divino; porque lo humano es temporal e insatisfactorio, mientras que lo divino es eterno y totalmente satisfactorio.

3. Pero tú, cuando des limosna, que no sepa tu mano izquierda lo que hace tu derecha.

"Tus limosnas" son tus buenas acciones de perdón, de amor y de caridad. No solo debemos tener cuidado de que no sean vistas por el mundo, sino que deben ser secretas incluso para nosotros mismos. Ni siquiera en tus pensamientos más secretos te atribuyas el más mínimo mérito por ellas, ni te felicites, ni te des un ápice de alabanza. La tendencia del mortal es susurrar a su mano izquierda lo que ha hecho su mano derecha, condonar sus delitos (la mano izquierda representa nuestros actos negativos, actos de omisión, males, etc.) recordando sus actos meritorios. Mientras se haga esto, no habrá reconocimiento de la conducta más común de nuestro Ser espiritual.

Las buenas acciones deben ser nuestro hábito natural. De la misma manera que no vamos diciendo a la gente que respiramos, ni nos atribuimos el mérito de comer, también deberíamos comprender que nuestra bondad debería ser tan espontánea y sin pretensiones, y tan libre de autoconciencia, como cada función de los órganos físicos.

Jesús nos aconseja que consideremos todas nuestras acciones más elevadas y nobles como lo que debemos hacer.

"Así también ustedes, cuando hayan hecho todo lo que se les ha ordenado, digan: Siervos inútiles somos; hemos hecho solo lo que debíamos haber hecho" (Lucas 17:10)

Somos "inútiles" porque nada de lo que el mortal puede hacer proporciona una ganancia a nuestro Yo maestro. Nunca hagas nada por la recompensa, sino que haz todo sin importar el fruto o la consecuencia. Más que esto, Jesús nos enseña a evitar en lo posible la recompensa terrenal (Lucas 14: 12-14).

4. Para que tu limosna sea en secreto; y tu Padre que ve en lo secreto, te recompensará en público.

Nada es secreto que no se manifieste. Ningún tratamiento espiritual se pierde jamás, ninguna obra buena se desperdicia. Y cuanto más secreto sea, cuanto más dentro esté, en la fuente del bien, mayor y más completa será la manifestación. El Padre no recompensa en secreto, sino siempre públicamente.

La Oración

5. Y cuando ores, no seas como los hipócritas, porque
    a ellos les gusta ponerse en pie y orar en las
    sinagogas y en las esquinas de las calles, para ser
    vistos por los hombres. En verdad les digo que ya
    han recibido su recompensa.

El hipócrita (actor) es aquel que presta atención a lo
externo y descuida lo interno; quien sigue la letra de una
doctrina, pero omite su espíritu; que es exigente en cuanto
a la forma de las palabras (oraciones, ordenanzas, leyes,
declaraciones, etc.), pero que olvida o ignora su poder y
sustancia.

"Teniendo apariencia de piedad, pero habiendo
negado su poder" (2 Timoteo 3: 5).

El hipócrita en nosotros habla mucho, pero hace poco;
teoriza y tiene opiniones, pero no lleva ninguno de los
frutos del Espíritu; ni tampoco sus hojas, que son para la
sanación de las naciones —el cuerpo, la mente y el alma.

En la verdadera oración no hay conciencia de la
presencia humana, sino solamente de Dios; esto también
es cierto en el tratamiento espiritual, que es la oración
declarativa.

La oración es comunión con Dios, y es el medio por el
cual el poder se transmite de lo universal a lo particular.
Todas las personas están continuamente rezando a alguien
o a algo, pero la oración a Dios es el reconocimiento del

poder y de la presencia del Bien Todopoderoso. No es para cambiar a Dios, es solamente el mortal el que cambia. La verdadera oración del corazón del devoto es la Palabra, la cual manifiesta todo lo que alguna vez fue manifestado.

6. Pero tú, cuando ores, entra en tu aposento, y cuando hayas cerrado la puerta, ora a tu Padre que está en secreto; y tu Padre que ve en lo secreto te recompensará en público.

"Entra en tu aposento" o cámara interior. Los actos de Jesús, que no buscaba ningún aposento literal cuando oraba, demuestran que esta indicación debe tomarse en su sentido espiritual. La cámara interior es la conciencia interior. Cuando ores, vuélvete hacia adentro, o retírate dentro de ti mismo, y cierra la puerta manteniendo afuera todos los pensamientos mundanos, errantes y ociosos. Cuando estamos aprendiendo a orar, esto puede requerir una vigilancia constante. El Hermano Lawrence, que vivió hace más de doscientos años, al contar cómo aprendió a comulgar conscientemente con Dios, dice:

"Que los pensamientos inútiles lo estropean todo; ahí empieza lo malo; pero debemos rechazarlos tan pronto como percibimos su impertinencia con respecto al asunto en cuestión, o a nuestra salvación, y volver a nuestra comunión con Dios. En un principio, a menudo, había pasado su tiempo designado para la oración en rechazar los

pensamientos errantes y volver a caer en ellos".
(Práctica de la Presencia de Dios)

"Tu Padre que está en secreto". Dios está dentro de ti, porque "el reino de los cielos está dentro" (Lucas 17: 21), y para dirigirnos a nuestro Padre que está en los cielos, debemos saber que Dios está en nosotros y no en un lugar distante, como tan ignorantemente se les ha enseñado a creer a los niños, que está en el cielo azul o en algún otro lugar indefinido e inalcanzable. Por lo tanto, deja que la mente busque el centro pacífico del ser, haciendo que los pensamientos permanezcan constantemente en la presencia y el poder del reino de Dios.

7. Y al orar, no usen ustedes repeticiones sin sentido, como los gentiles, porque ellos se imaginan que serán oídos por su palabrería.

Los gentiles, los que no conocen a Dios, repiten oraciones sin sentirlas, usando palabras que no son más que una forma vacía, por lo tanto, no son escuchadas, es decir, no son respondidas.

La repetición está bien; Jesús mismo repitió la misma oración tres veces en una ocasión. Pero es la repetición superficial contra la que se advierte al discípulo.

Es mejor pronunciar una frase en la que haya fe, confianza y un reconocimiento cálido y amoroso, que muchas declaraciones que no te transmitan ninguna convicción de su verdad, sino que sigan sonando como palabras vacías, aunque intelectualmente sepas que son verdaderas.

"Retén la forma de las sanas palabras"
(2 Timoteo 1:13).

Luego, llena la forma con la sustancia de la fe fuerte y el amor cálido, y tal oración es su propia respuesta, ya que es la misma Palabra la que realiza la cosa deseada.

8. Por tanto, no se hagan semejantes a ellos, porque su Padre sabe lo que ustedes necesitan antes que ustedes lo pidan.

La oración no tiene el propósito de informar a Dios sobre tus necesidades. Tu Padre sabe exactamente qué realidades espirituales necesitas para manifestar el deseo de tu corazón. El objetivo de la oración es colocarnos a nosotros mismos, y a aquellos por quienes oramos, en un estado receptivo para recibir las bendiciones divinas que siempre se están derramando.

El Padre Nuestro

9. Ustedes, pues, oren de esta manera: Padre nuestro, que estás en los cielos, santificado sea tu nombre.

10. Venga tu reino. Hágase tu voluntad, así en la tierra como en el cielo.

11. Danos hoy nuestro pan de cada día.

12. Y perdónanos nuestras deudas, como también nosotros perdonamos a nuestros deudores.

13. Y no nos dejes caer en tentación, sino líbranos del mal. Porque tuyo es el reino y el poder y la gloria, para siempre. Amén.

"De esta manera" debemos orar, no necesariamente usando las mismas palabras o expresando los mismos deseos, sino observando la forma general y la sustancia de la comunión.

Hay muchos puntos de semejanza en esta oración con la de David que se encuentra en 1 Crónicas, capítulo veintinueve, versículos diez al diecinueve. Sin embargo, si bien David, al igual que todos los profetas y legisladores del Antiguo Testamento, invoca a Dios como Señor, es Jesús quien primero se dirige a él como "Padre", no solo "mi Padre", sino "tu Padre" y "Padre nuestro".

¿Qué mayor bautismo de espiritualidad y de elevación puede existir que la comprensión de la importancia de esas dos primeras palabras, "Padre nuestro"?

El primer paso en la oración correcta es la elevación de los pensamientos hacia Dios, dedicando la primera parte de la oración a alabanzas y bendiciones sobre el carácter y el poder del gran Espíritu. La mente, aunque fría y temerosa al principio, a menudo se llena de fe e inspiración simplemente recordando la naturaleza divina mediante la alabanza. Todo esto es para el beneficio del individuo, para establecer correctamente su mente sin que ello afecte en modo alguno al amoroso Padre Todopoderoso.

"Que estás en los cielos" dentro de nosotros. El Espíritu de Dios habita en ti —tu vida misma, tu salud, tu amor, tu pureza y tu bondad. Dentro está el almacén de toda la generosidad y la fuente de la vida, y la oración abre el almacén y hace que la fuente fluya en cualquier dirección que desees.

"Santificado sea tu nombre". Santo es tu Ser, sin mancha, puro e inmaculado.

Quien exalta y reverencia el nombre de su deidad, aunque sea un pagano, llegará finalmente al verdadero Nombre mágico de Dios, que ya no está oculto para aquellos cuya voluntad se ha identificado con la voluntad divina. Aquellos que usan cualquier nombre divino a la ligera o con frivolidad son como niños jugando con pólvora. Los sentimientos fuertes de cualquier tipo son fuego, y son tan susceptibles de tocar el nombre como las chispas que llegan a la pólvora. Para los espiritualmente sabios y bondadosos se revela el Nombre porque han santificado todo nombre de la deidad.

"Sobre poco has sido fiel, sobre mucho te pondré" (Mateo 25: 23)

"Venga tu reino".

"Todo lo que pidan en oración, creyendo, lo recibirán" (Mateo 21: 22)

Por tanto, cree que el reino de Dios ha llegado y te será hecho como crees. Cambiar las oraciones de la forma de ruego y petición a la forma de expresión afirmativa y declarativa a menudo trae la realización a la mente. De este modo, si oramos: "Santificado es tu nombre; ha venido tu reino; se ha hecho tu voluntad; tú nos das nuestro pan de cada día; tú nos perdonas; tú nos guías", lleva a cabo la instrucción de Jesús de orar como si ya hubiéramos recibido las respuestas, y de esta forma se cumplen.

"Hágase tu voluntad en la tierra como en el cielo". La tierra es el ser externo, el cielo es el ser interno. La voluntad de Dios hecha en el cielo produce paz y prosperidad, salud y libertad. Cuando surjan dudas respecto a si nuestra oración está de acuerdo con la voluntad de Dios, recordemos cómo se hace su voluntad en el Cielo.

¿La voluntad divina hecha en el Cielo produce enfermedad o dolor, pobreza o muerte? No. Entonces su voluntad hecha en la tierra no dará lugar a estas cosas. Cuando Jesús oró para que pasara de él la copa, su oración fue concedida, pues el Padre nunca le negó nada. Pero fue el método en el que pasó, al que se refiere cuando dice: "No sea como yo quiero, sino como tú quieres", sabiendo que el camino del Padre sería el más fácil y rápido, y traería el mayor bien para todos, mientras que el camino humano sería el más duro y el menos deseable al final. "Si esta copa no puede pasar sin que yo la beba, hágase tu voluntad". No se podía vencer el mal mediante la resistencia, sino mediante el acto redentor de identificarse a sí mismo con la copa. Este era el camino del Padre.

Cuando tengas dudas sobre cómo se cumplirá la voluntad divina al conceder tu oración, utiliza siempre las palabras de Jesús, confiando en que el camino del Padre es el más fácil, rápido y grandioso para que se cumpla tu deseo, no solo trayéndote el bien a ti, sino también trayendo el mayor bien a todos.

La simple expresión "Hágase tu voluntad en la tierra como en el cielo", continuada fielmente día a día, nos limpiará de todo pensamiento no celestial, y hará que se manifieste en nosotros aquel que es el habitante eterno de las regiones divinas.

"Danos hoy nuestro pan de cada día". Uno de los oficios de la oración es hacernos reconocer la fuente de nuestro Bien. El que reconoce que es Dios el que nos da incluso nuestro pan literal y las riquezas, nunca tendrá necesidades, ya que no recurrirá a otros dioses para su sustento, tales como el intelecto humano, el trabajo material, las personalidades, sino que continuamente reconocerá la verdadera Fuente y así se hará receptivo al suministro divino.

El significado espiritual de "día" es la estación de la iluminación y la manifestación; "el pan" es la Verdad, o la Palabra de Dios (Ver Deuteronomio 8:3). "Danos para esta manifestación la Verdad, o Palabra, que le pertenece".

"Perdónanos nuestras deudas" puede tener un fruto tan literal como la petición anterior. Las deudas materiales son canceladas por Dios, del mismo modo que se satisface el hambre física y se curan las enfermedades físicas.

Las deudas de todo tipo, físicas o morales, son canceladas en la misma proporción y de la misma manera en que cancelamos las deudas que los demás tienen con nosotros, pues esto es el cumplimiento de la ley y los profetas: que todo lo que hagas a los demás, así lo hará tu Padre contigo.

La invocación del perdón es el punto central de la oración, la cúspide de la pirámide de la oración, por lo tanto, Jesús se detiene en ella después de terminar (versículos catorce y quince) y al explicar la ley recíproca del perdón da uno de los secretos de la oración que recibe respuesta, que es: "Den y les será dado".

"Y no nos dejes caer en tentación, sino líbranos del mal". Al conducirnos a las alturas espirituales, sálvanos de las tentaciones que las ensombrecen. Dios no tienta a nadie, sin embargo, el derramamiento de los dones del Espíritu puede parecer traer nuevas fases de vida que harán que el discípulo tema un alejamiento del Espíritu.

Ahora bien, esta petición final es una provisión para ese temor. El que ora por un don de Dios de pronto puede tener el pensamiento: "Tal vez si Dios me concede esto seré conducido al pecado o puede seguir un gran mal". Si lo que pide es salud, piensa: "Si Dios me mejora, tal vez vuelva a mis antiguos excesos"; si se trata de prosperidad, el adversario puede susurrar: "Te olvidarás de Dios si eres próspero". A todas estas sugerencias, esta es la respuesta: "Guíame, Padre mío, lejos del mal en esto, hacia tu seguridad", y luego debemos recordar que debemos dejar el asunto en manos de Dios, confiando en que él concederá el deseo de nuestro corazón, y al mismo tiempo nos librará de su trampa.

Después de ser bautizado con el Espíritu Santo, le llegó a Jesús su primera prueba, a través de la cual pasó sin problemas. Puede parecer que el bien que reciben las personas las conduce a malas experiencias, del mismo modo que la luz parece traer sombras. Sin embargo, así como las sombras no son parte de la luz, estas tentaciones no son parte de la vida espiritual y deben ser tratadas como tratamos las sombras, pasando con seguridad a través de ellas, llevando la lámpara del Señor.

"Lámpara es a mis pies tu palabra, y lumbrera a mi camino" (Salmos 119:105).

"Porque tuyo es el reino". El gobierno, el dominio, el control es todo tuyo, no de Satanás, o del diablo.

"Tuyo es el poder", la Vida Todopoderosa; no la enfermedad o la muerte, el pecado o el dolor.

"Tuya es la gloria" y el honor; nunca se le debe otorgar al ser mortal, ni a ninguna personalidad.

La oración de Jesús se cierra de la misma manera que comienza la de David (1 Crónicas 29:11), siendo el mismo Espíritu el alfa y omega de ambas.

El Perdón

14. Porque si ustedes perdonan a los hombres sus ofensas, también su Padre celestial les perdonará a ustedes.

15. Pero si no perdonan a los hombres sus ofensas, tampoco su Padre les perdonará sus ofensas.

Ser perdonado es un estado mental, y nadie es perdonado a menos que crea que lo está. Al ejercer la bondad y la misericordia hacia otro que ha pecado, podemos reconocer cómo ese mismo sentimiento puede extenderse hacia nosotros cuando pecamos. Y cuanto más indulgentes nos volvemos hacia los demás, más nos liberaremos de la esclavitud de condenar y ser condenados y, en consecuencia, de su efecto o símbolo, el dolor físico, la enfermedad y la muerte, hasta que finalmente nos situemos en un punto en el que no pueda entrar en nuestro corazón ningún pensamiento de venganza o de castigo para un ofensor, incluso cuando el pecado sea contra nuestros seres queridos y contra aquellos que son indefensos e inocentes. Entonces entramos en la plena libertad. El que perdona todo, recibe completo perdón.

Sin Apariencia Triste

16. Y cuando ayunen, no pongan cara triste, como los hipócritas, porque ellos desfiguran sus rostros para mostrar a los hombres que están ayunando. En verdad les digo que ya han recibido su recompensa.

17. Pero tú, cuando ayunes, unge tu cabeza y lava tu rostro.

18. Para no mostrar a los hombres que ayunas, sino a tu Padre que está en secreto; y tu Padre que ve en lo secreto te recompensará en público.

"¿Es ese el ayuno que yo escogí para que un día se humille el hombre? ¿Es acaso para que incline su cabeza como un junco, y para que se acueste en cilicio y ceniza? ¿Llamarán a esto ayuno y día acepto al Señor?" (Isaías 58: 5).

Luego de esta pregunta, Isaías procede a mostrar que el verdadero ayuno es soltar las ataduras de la maldad, desatar las cargas pesadas, romper los yugos, etc. La palabra de negación pronunciada en el corazón y en la mente, y llevada a cabo en la palabra y en la acción, rompe todas las cadenas, desata todas las ataduras y suelta todo yugo que esclaviza a la humanidad. Este es el ayuno que el Bien ha elegido.

En la experiencia humana hay condiciones que requieren más ayuno que otras. Por ejemplo, cuando la pobreza, el dolor y la persecución acosa al discípulo; cuando se enfrenta cara a cara con la pérdida, la privación, el fracaso y la muerte. Entonces, debe aferrarse fielmente a la verdad de la irrealidad del mal y la omnipotencia del Bien. Así que no tengas un rostro triste.

"El Señor haga resplandecer su rostro sobre ti...
El Señor alce sobre ti su rostro y te dé paz"
(Números 6: 25-26).

Tú vives, te mueves y tienes tu ser en el Reino de los Cielos, y allí no hay rostros sombríos, ni bocas afligidas, ni ojos llorosos.

Aparta de ti todo signo de aflicción. El verdadero cristiano se desprende de toda ropa de luto y de otros símbolos de dolor. El que comprende que no hay muerte, y que su ser querido es inmortal, no haría más que contradecir esta verdad y negarla asumiendo una vestimenta que atestigua la presencia y el poder de la muerte. Aquellos que llevan semblantes tristes y vestimentas de dolor son imanes que atraen hacia sí esa clase de pensamientos y condiciones, y de ese modo se dificultan a sí mismos la posibilidad de atravesar la penumbra y la tristeza del mundo cuando es lo que más desean.

Es un error pensar que para obtener simpatía y ayuda es necesario hacer que la gente se dé cuenta del dolor que sufrimos, o de las penurias de la pobreza que soportamos, o de lo enfermos que estamos, o de lo perseguidos que somos.

"Abstente de toda apariencia de mal" para no mostrar a los demás que ayunas, sino que lleva todas estas cosas al lugar secreto, y tu Padre será tu alivio seguro y duradero.

El Verdadero Tesoro

19. No acumulen para sí tesoros en la tierra, donde la polilla y la herrumbre destruyen, y donde ladrones penetran y roban.

Aquí Jesús muestra cómo cumplir el espíritu de los mandamientos: "No robarás" y "No codiciarás".

Deja de dar valor a las cosas terrenales. El mundo material carece de sustancia real en sí mismo, y tiene completamente una existencia imaginaria. Es un error darle valor, y este error da frutos falsos, como cualquier otra creencia errónea. Buda dice: "Cuidado con las ilusiones de la materia".

Dios es espíritu y su reino es espiritual. "Mi reino no es de este mundo, mis tesoros no son materiales", dice aquel que sabe. El suministro divino es introducido en la tierra cuando el individuo adopta la economía del Cielo: sin ahorrar, sin guardar para "un día lluvioso", sin frugalidad, sino siguiendo la ley de la abundancia divina, "Da y te será dado".

El sabio no acumula tesoros. Cuanto más hace por los demás, más tiene de lo suyo. Cuanto más da a los demás, más aumenta (Tao-Te-King)

En el mundo de Dios no hay "derechos de propiedad privada". Jesús revela que no hay que reclamar la propiedad terrenal, ni siquiera la que el mundo considera legal y legítima. Así lo demuestra su palabra al joven que le pidió que indicara a su hermano que dividiera la herencia con él. "Cuidado con la avaricia", fue la respuesta del Maestro.

El suministro material está limitado por la creencia en la limitación, que se manifiesta como desperdicio y parsimonia. El que cree que la sustancia puede desperdiciarse es el derrochador de la tierra, tanto si tira como si atesora. La naturaleza pródiga no conoce el despilfarro y, sin embargo, produce fanegas de fruta que nunca se comen y miles de flores que nunca son vistas.

Dar valor a las cosas materiales es un robo mental — quitarle al espíritu y darle a la materia— y las personas que hacen esto son robadas. El que no se preocupa por los tesoros terrenales está exento de los estragos del ladrón.

"No dar valor a las cosas difíciles de conseguir, aleja a la gente del robo".

Si los hombres abandonaran su habilidad y renunciaran a sus ganancias, los ladrones dejarían de existir. —Lao-Tsze.

Cuando la abstinencia de robo en la mente y en los actos es completa en el yogui, él tiene el poder de obtener toda la riqueza material —Patanjali.

El egoísmo, la envidia, la competencia, son las polillas en las vestiduras de la vida falsa; la codicia, la avaricia, el miedo a la pobreza, son la herrumbre que endurece las articulaciones de la vejez. Los ladrones son todo lo que parece robar nuestra paz, nuestra salud, nuestra alegría o nuestra vida.

20. Sino acumulen tesoros en el cielo, donde ni la polilla ni la herrumbre destruyen, y donde ladrones no penetran ni roban.

Llenen sus corazones con pensamientos y deseos correctos, llenen sus vidas con obras y acciones desinteresadas, basadas en el conocimiento de que todas las cosas pertenecen a todos, y que damos a los demás solo lo que les pertenece, y recibimos de los demás lo que ha sido nuestro desde el principio.

La caridad del mundo es una abominación a los ojos de Dios (Ver Lucas 16: 14-15). El amor, la caridad de Dios, no conoce "lo mío y lo tuyo", sino que tiene todas las cosas en común.

21. Porque donde esté tu tesoro, allí estará también tu corazón.

Nos hacemos semejantes a aquello en lo que más pensamos.

En lo que amas, hombre, debes convertirte;
en Dios, si amas a Dios;
en polvo, si amas el polvo.
—Johannes Scheffler.

Si nuestro amor se centra en algún mortal, nuestro corazón muestra la mortalidad. Si atesoramos cosas que pertenecen al pasado, como reliquias, recuerdos, cartas antiguas, etc., nos volvemos como el pasado y ya no vamos a sentir en el presente. El verdadero cristiano deja que el pasado muerto entierre a sus muertos. Se acuerda de la mujer de Lot, y no se deja llevar por la rutina. No mostraremos los efectos del tiempo si dejamos de pensar en el tiempo, y vivimos en el eterno Ahora.

Concentración en Dios

22. La lámpara del cuerpo es el ojo; por eso, si tu ojo está sano, todo tu cuerpo estará lleno de luz.

La lámpara del cuerpo es el ojo, el poder iluminador del alma es su facultad perceptiva, intuitiva. "Si tu ojo está sano", si todas tus intuiciones están enfocadas en Dios y su manifestación, entonces toda tu alma está llena de la Verdad. Nuestro ojo está sano cuando creemos en Dios como el único poder y presencia. Nuestro ojo está malo cuando vemos dos poderes, el bien y el mal, o tenemos dos amores, Dios y el mundo, o de alguna manera creemos en la realidad de dos seres o poderes opuestos.

La concentración de todas las facultades en Dios expulsa toda partícula de oscuridad de nuestro cuerpo, mente y alma. Según el primer y gran mandamiento, no debemos tener ningún pensamiento en nuestra mente que no sea el de Dios. Amarás al Señor, tu Dios, con toda tu mente. No debemos tener ningún sentimiento, afecto o emoción, sino por Dios. Amarás al Señor, tu Dios, con todo tu corazón; y toda nuestra vitalidad ("toda tu fuerza") y toda aspiración ("toda tu alma") ha de ser entregada a Dios, y solo a Dios. Esta es la mente "unificada" de la que se habla en el Bhagavad Gita, que vence al mundo y corona el Reino celestial.

23. Pero si tu ojo está malo, todo tu cuerpo estará lleno de oscuridad. Así que, si la luz que hay en ti es oscuridad, ¡cuán grande será la oscuridad!

La mejor traducción es: "¡Qué oscuras son las tinieblas!".

Del Ser verdadero está escrito que "cierra sus ojos para no ver el mal" (Isaías 33:15), y de Dios "muy limpios son tus ojos para mirar el mal" (Habacuc 1:13). Por lo tanto, siguiendo nuestro gran ejemplo, Dios, debemos tener el ojo puro, el ojo sano, que solo contempla el Bien, el Dios eterno.

Si el mal entra en la mente, en la medida en que se entretenga y se crea en él como realidad, habrá una mezcla adúltera, seguida de confusión y oscuridad.

Creer que Dios es un Dios de ira, o que envía tanto el bien como el mal, es tener una luz que es oscuridad. No hay alegría en su rayo, no hay sanación en su brillo, no hay vida en su resplandor. En consecuencia, para alguien así las tinieblas son muy oscuras, el mal muy malo, el pecado muy negro, y todas las sombras de la vida humana son lúgubres y están llenas de malos augurios.

24. Nadie puede servir a dos señores; porque o aborrecerá a uno y amará al otro, o apreciará a uno y despreciará al otro. Ustedes no pueden servir a Dios y a las riquezas.

La persona que tiene el mayor éxito en cualquier actividad es la que dedica todo su ser a ella, y hace que todas las cosas se inclinen hacia ese fin. No podemos servir a Dios y a las riquezas mundanas, y tener éxito en ambas cosas. Nada más que el servicio de todo corazón a Dios puede ganar los plenos poderes de Dios y la manifestación.

Aquello que reconocemos como nuestro señor, para eso somos sirvientes. Nadie debe reconocer a dos señores, porque su señor es uno, Dios. Admitir el dominio de otros poderes fuera de Dios es idolatría. Abandona para siempre toda búsqueda material, pues la materia carece de sustancia y realidad; es vanidad y nada, y quien la persigue sigue la ilusión, y abandona su propio bien.

No Pensar en el Bienestar Mundano

25. Por eso les digo, no se preocupen por su vida, qué comerán o qué beberán; ni por su cuerpo, qué vestirán. ¿No es la vida más que el alimento y el cuerpo más que la ropa?

La ansiedad y la preocupación por el sustento y el suministro son actos incredulidad, y muchas enfermedades tienen su origen en tales pensamientos.

Todos los alimentos y vestimentas externas son símbolos de la verdadera sustancia de la que se alimenta el alma y con la que se viste. Alimenta el alma con el alimento celestial y el alimento terrenal le seguirá con la misma seguridad que la sombra sigue al objeto que la proyecta.

Viste la mente con pensamientos correctos y palabras divinas y llegará la vestimenta exterior más apropiada y eficiente. Medita en la verdadera vida, ¿no es más que el alimento?, y el cuerpo espiritual, ¿no es más que la ropa?

No hagas leyes sobre lo que debes comer, beber o vestir. Nada externo puede afectar al individuo, sino que son los pensamientos que tiene sobre estas cosas, y sobre todas las cosas, los que le afectan (Marcos 7: 15-21). Si una persona cree que su comida le hará daño o le hará menos espiritual, le será hecho según su fe. Si cuida sus pensamientos y deseos, para mantenerlos puros y espirituales, entonces podrá seguir las instrucciones de Jesús "de comer lo que les sirvan" (Lucas 10: 8), y podrá reclamar la promesa divina: "Aunque beban algo mortífero, no les hará daño" (Marcos 16: 18).

26. Miren las aves del cielo, que no siembran, ni cosechan, ni recogen en graneros; sin embargo, el Padre celestial las alimenta. ¿No son ustedes de mucho más valor que ellas?

27. ¿Quién de ustedes, por ansioso que esté, puede añadir una hora al curso de su vida?

28. Y por la ropa, ¿por qué se preocupan? Observen cómo crecen los lirios del campo; no trabajan, ni hilan.

29. Pero les digo que ni Salomón en toda su gloria se vistió como uno de ellos.

30. Y si Dios viste así la hierba del campo, que hoy es y mañana es echada al horno, ¿no hará él mucho más por ustedes, hombres de poca fe?

Vive como los pájaros, las flores y la hierba. Entrégate por completo a confiar en tu Dios para todas las cosas.

¿Quién de ustedes, con un pensamiento ansioso, una pulgada a su estatura, o cambiar en el menor grado el mundo material? La ansiedad y el deseo material no logran nada. Solo en la medida en que el pensamiento es espiritual y confía en Dios, tiene poder sobre el universo material.

"No trabajes por el alimento que perece", sino trabaja solo por amor. El altruismo y la absoluta confianza en Dios son la cura para la pobreza. Cristo libera al ser humano de la maldición Adánica sobre el trabajo, mostrando que solo hay un trabajo que hacer, "el negocio de mi Padre". Destierra el miedo de la mente, y todas las personas gravitarán hacia el trabajo que sea más afín a ellas mismas, y que preste el servicio más bondadoso y eficaz a su prójimo. El individuo, como Dios, ama el trabajo; su alegría está en llevar a cabo sus ideas.

Al reconocer la correspondencia espiritual del trabajo terrenal que realiza una persona, sabe cómo trabajar para el Señor, y que es el Señor el que trabaja en ella, y entonces ningún trabajo puede cansarle, ni hacerle sentir como algo material y separado de su Dios. Si es un carpintero, recordará que siempre está construyendo el templo de Dios para todos aquellos para los que trabaja; si es una ama de casa, está siempre limpiando y preparando un lugar para el Señor en los corazones de las personas a las que les está dando el pan de la Verdad, y es tan fácil suministrar el símbolo cuando uno está dando la sustancia, como lo fue para Jesús alimentar a miles con comida material porque primero les había dado el verdadero alimento de vida.

Dios alimenta a los cuervos y viste la hierba siendo él mismo e irradiando su suministro a lo que sea y a quien sea que deje venir su presencia.

31. Por tanto, no se preocupen, diciendo: ¿Qué comeremos?, o ¿qué beberemos?, o ¿con qué nos vestiremos?

32. Porque los gentiles buscan ansiosamente todas estas cosas; que el Padre celestial sabe que ustedes necesitan todas estas cosas.

33. Pero busquen primero el reino de Dios y su justicia; y todas estas cosas les serán añadidas.

El reino de Dios está aquí en toda su belleza y poder, justo donde parece estar el reino terrenal. Busca solo su presencia. Busca resaltar la belleza de tu alma y de tu carácter, y se añadirá la belleza externa.

"Toda gloriosa es la hija del rey en su morada; de brocado de oro es su vestido" (Salmos 45: 13).

Es un trabajo inútil, vanidad de vanidades, tratar de embellecer el exterior cuando no se cuida, en primer lugar, el interior, la realidad (Ver Mateo 23: 25).

La armonía y la espiritualidad en la familia es la sustancia del hogar hermoso y hace que su belleza sea duradera.

La belleza del alma remodela el cuerpo y le confiere una juventud y una fuerza acordes con el deseo de su dueño.

Lo mismo que sucede con la belleza, sucede con el conocimiento, y con todas las artes y ciencias. El que busca conocer a Dios tendrá todos los conocimientos terrenales añadidos. El que busca las armonías del espíritu desplegará su verdadero genio musical, y tendrá añadido el poder terrenal de expresar la música.

En todas las cosas, tanto grandes como pequeñas, busca primero la realidad espiritual y el símbolo será añadido sin un solo pensamiento o esfuerzo por de quien lo recibe.

34. Por tanto, no se preocupen por el día de mañana; porque el día de mañana se cuidará de sí mismo. Bástenle a cada día sus propios problemas.

No pienses en el futuro, porque no hay futuro. Los temores sobre los días venideros y las especulaciones sobre el "más allá" son vanas imaginaciones. Nunca vivimos sino en el presente. Considera todos los pensamientos relativos al futuro (ya sean buenos o malos) como una falta de fe en el presente, que debe ser redimida por la verdad de lo que es ahora. Lo que ha de ser es ahora. Solo el Bien existe realmente.

Para hacer frente a todo mal es suficiente el día (la luz o el entendimiento). "Como tus días (según su carácter y necesidades), así serán tus fuerzas (conocimiento, fe y poder)" (Deuteronomio 33: 25).

3

Capítulo 7

Capítulo 7: versículo 1.

1. No juzguen para que no sean juzgados.

2. Porque con el juicio con que ustedes juzguen, serán juzgados; y con la medida con que midan, se les medirá.

La palabra "juicio" (krisis) no es lo mismo que la palabra "condena" (kata-krisis); tampoco "juzgar" (krino) siempre significa "condenar" (kata-krino). Un juez puede pronunciar algo bueno, y puede dar su palabra a favor de quien se le presenta. Esta distinción entre juicio y condena no siempre ha sido considerada por los traductores de la Biblia; a menudo han utilizado "condena" y "condenación" donde la verdadera palabra es "juicio". Véase: Juan 5: 29; Marcos 3: 29; 2 Tesalonicenses 2: 12, donde "condena" debería ser "juicio"; y Juan 5: 24; también Juan 3: 17-19, donde "condenación" debería ser "juicio".

No solo no debemos condenar, ni pronunciar el mal contra nadie, ni contra nada, ni imponer castigos, sino que tampoco debemos juzgar, ni declarar a favor ni en contra. En otras palabras, debemos dejar de comer de ese árbol prohibido que nos hace ver doble, el árbol del conocimiento del bien y del mal. Debemos conocer solo el Bien, el cual no tiene opuesto. Tapamos nuestros oídos para no escuchar el mal, y cerramos nuestros ojos para no verlo (Ver Isaías 33: 15). No juzgamos según la vista de los ojos mortales, ni sentenciamos según lo que oyen los oídos (Ver Isaías 11:3). No juzgamos según las apariencias, sino que juzgamos con juicio justo, que es ver todas las cosas con esos ojos puros que solo contemplan a Dios.

No hay juicio en el Reino de los Cielos. El Padre no juzga a nadie, sino que ha encomendado todo el juicio al Hijo, que dice de sí mismo: "Yo no juzgo a nadie". "No he venido a juzgar al mundo, sino a salvar al mundo".

Entonces, ¿quién juzga al mundo?

"Hay quien busca y juzga"; la interpretación que hacen las personas respecto a las palabras de Jesús los juzga (Juan 12: 48), y las propias palabras de las personas sobre sí mismas y sobre los demás (Mateo 12: 37). El Cristo no acusa a nadie, pero Moisés (Juan 5: 45) es ese juez severo que dice:

"Por tu propia boca te juzgo" (Lucas 19: 22).

"Tampoco yo te condeno" es siempre el veredicto del Cristo-humano, y al que quiere juzgar, le dice: "El que no tenga pecado, que arroje la primera piedra", porque esa piedra no dañará ni destruirá, sino que transformará y redimirá, como se describe en el segundo capítulo de Daniel, versículos 35 y 44, como la piedra que hirió a la imagen y se convirtió en una gran montaña que llenó toda la tierra.

3. ¿Por qué miras la paja que está en el ojo de tu hermano, y no te das cuenta de la viga que está en tu propio ojo?

4. ¿O cómo dirás a tu hermano: "Déjame sacar la paja de tu ojo", cuando la viga está en tu ojo?

5. ¡Hipócrita! Saca primero la viga de tu ojo, y entonces verás con claridad para sacar la paja del ojo de tu hermano.

"Por lo cual no tienes excusa, oh hombre, quienquiera que seas tú que juzgas, pues al juzgar a otro, a ti mismo te condenas, porque tú que juzgas practicas las mismas cosas" (Romanos 2: 1).

Todo lo que hacemos a nuestro prójimo nos lo hacemos a nosotros mismos, porque lo que vemos en nuestro prójimo está en nosotros mismos, y uno debe mirar a su prójimo como si se estuviera mirando en un espejo; si ve una mancha en el rostro del espejo, sabe que debe lavarse la cara para eliminar la mancha en el espejo.

De este modo, si quitamos la viga de nuestros propios ojos, veremos claramente que no hay ninguna paja en los de nuestro hermano, ya que se ha disuelto simultáneamente con nuestra propia limpieza. Porque al elevarnos a nosotros mismos, hemos elevado a nuestro hermano; al purificar nuestra propia mente y nuestro corazón, nuestra clara visión "disipa" el error de nuestro hermano, como está escrito:

"El rey que se sienta en el trono del juicio disipa con sus ojos todo mal" (Proverbios 20:8).

Hay un dicho atribuido a Jesús por uno de los primeros cristianos, del que se dice que fue Matías, el apóstol. Es consistente con el resto de las enseñanzas de Cristo, en las que muestra la unidad del ser humano, que todos somos uno: "Si el prójimo de un elegido peca, el propio elegido pecó".

De acuerdo con esto, si el elegido reconoce su propia pureza, que vea la realidad de que su prójimo es el que no tiene pecado. Entonces él también puede decir con Cristo: "Y yo, si soy levantado, atraeré a todos a mí mismo".

Anular el pecado de nuestro prójimo es elevarnos a nosotros mismos. Toda la humanidad se eleva junta. La redención, como el perdón, es recíproca. Llega el día, y ya está aquí, en que la persona se preocupará más por llevar a su prójimo a la comprensión de la verdad que por avanzar ella misma. Así como los hombres fuertes en un barco que se hunde velan primero por la seguridad de los débiles e indefensos, así el Cristo-humano siempre busca salvar lo que está perdido, y no dice: "Consumado es", hasta que ha pronunciado la palabra de perdón para los mayores pecadores de todos: "Padre, perdónalos, porque no saben lo que hacen".

Nunca buscaré ni recibiré la salvación individual privada; nunca entraré sola en la paz final; sino que por siempre y en todas partes viviré y me esforzaré por la redención universal de cada criatura en todo el mundo. —Kwhan Yin.

Buen Juicio en el Ministerio

6. No den lo santo a los perros, ni echen sus perlas delante de los cerdos, no sea que las pisoteen, y se vuelvan contra ustedes y los despedacen.

Cada persona es un mundo en sí misma, y contiene en su interior todo lo que ve en el mundo exterior. La descripción del ser humano, la manifestación o expresión de Dios, es todo el contenido del primer capítulo del Génesis. En el verdadero estado de la persona, las hierbas y el mar, los animales y las luces del firmamento, y todas las cosas, desde la más pequeña hasta la más grande, son declaradas buenas, y muy buenas.

Los animales de las Escrituras representan los rasgos naturales del carácter, y según el desarrollo de una característica el animal es salvaje e indeseable, o manso y apreciado. La ira, la malicia, la codicia y el resto de las características no redimidas del individuo están simbolizadas por las bestias salvajes, y a medida que él supera estas propensiones carnales, se dice que pisa al león y a la víbora, y se le da poder sobre las serpientes y los escorpiones. A medida que avanza en la vida de Cristo, toda planta venenosa y animal salvaje es redimido en su mundo. De él está escrito que tomará las serpientes, cuando el lobo habite con el cordero, el león coma paja como el buey, el niño juegue con el áspid, y

"No dañarán ni destruirán en todo mi santo monte, porque la tierra estará llena del conocimiento del Señor, como las aguas cubren el mar"
(Isaías 11: 9).

Las personas pueden aparentar ser lo que quieran: Dios o demonio, ángel o bestia. Este es su maravilloso poder y privilegio. Por lo tanto, cualquier estado mental con el que se identifique, eso representará. Si viene buscando la Verdad en un estado de ánimo dócil y no resistente, será uno de esos niños a quienes se les revelan los misterios del reino (Lucas 10: 21). Pero si viene la misma persona, incluso a la hora siguiente, llena de malicia y codicia, puede oír palabras que son oscuridad para ella, y no luz.

"¡Serpientes! ¡Camada de víboras! ¿Cómo escaparán del juicio del infierno?"

79

(Mateo 23: 33).

Utiliza el juicio divino al impartir la Verdad.

"Por tanto, sean astutos como serpientes e inocentes como palomas" (Mateo 10:16).

"Den al César lo que es del César, y a Dios lo que es de Dios" (Mateo 22:21).

Cuando alguien es abordado con la Verdad y la recibe con desprecio, solo esperando hacerla pedazos; o se ríe despectivamente de ella, dando respuestas bajas e impuras; o es malhumorado, sarcástico, o de alguna manera cínico (cínico, del griego, que significa perro), tal individuo es llamado perro. No le sirven los misterios más profundos, llamados santos, y no se le deben imponer. Cuando el perro que lleva dentro se vuelve servil al Maestro y, como el fiel perro pastor, se convierte en guardián y protector de las cosas preciosas de Dios, entonces estará listo para recibir y ser bendecido.

La naturaleza porcina que hay en nosotros es la que se acerca a la Verdad solo por sus comodidades y placeres materiales. Si tratamos de satisfacer esta naturaleza con declaraciones absolutas y revelaciones espirituales, se sentirá alimentada con piedras cuando está clamando por pan. El Cristo tiene maíz incluso para los cerdos, y alimenta esta naturaleza a su debido tiempo, sin despreciarla. Pero él no es un mayordomo infiel (Lucas 16) que desperdicia los bienes de su Señor, administrando la Verdad en formas inapropiadas e inoportunas.

A la persona fiel se le otorga gran discreción y discernimiento para que pueda dar maíz a los que piden maíz, y perlas a los que piden perlas. Sin embargo, también él, como Jesús, puede ver que, aunque alguien haya venido buscando solo panes y peces, está preparado para la perla de gran valor. Entonces la da sin miedo, aunque vengan las ofensas, y los hombres lo desgarren hasta la crucifixión (Juan 6: 26-66).

De ellos está escrito:

"He aquí, pongo en Sion una piedra de tropiezo y una roca de escándalo; y aquel que cree en él no será avergonzado" (Romanos 9:33)

"Este niño ha sido puesto para caída y levantamiento de muchos en Israel, y para ser señal de contradicción" (Lucas 2:34)

"Bienaventurado es el que no halle tropiezo en mí" (Mateo 11: 6).

Persistencia Divina

7. Pidan, y se les dará; busquen, y hallarán; llamen, y se les abrirá.

8. Porque todo el que pide, recibe; y el que busca, halla, y al que llama, se le abrirá.

Una de las enseñanzas más notables de Jesucristo es que el estudiante espiritual debe ser divinamente persistente en sus demandas al Espíritu por sus derechos espirituales, las virtudes y los dones del verdadero Ser.

El Maestro de la Vida graba aquí en la mente la omnipotencia de la persistencia.

"Es necesario orar siempre y no desmayar"
(Lucas 18:1).

Jacob, cuando luchaba con Dios, no aceptaba un "no" como respuesta. "No te dejaré ir a menos que me bendigas", oró, y entonces fue bendecido, y le fue dado un nuevo nombre (carácter y poder) —"Israel", que significa un hombre que podía prevalecer con Dios.

Jesús enseña que cuando, aun siendo amigo de Dios, no puedas conseguir tu deseo, podrás lograrlo por medio de una decidida importunidad:

"Les digo que, aunque no se levante a darle algo
por ser su amigo, no obstante, por su importunidad
se levantará y le dará todo lo que necesite"
(Lucas 11: 8).

Las respuestas a las oraciones no se dan por favor, sino por la ley que iguala el suministro a la demanda.

Una vez más, Jesús muestra que, aunque ninguna idea humana de justicia, o derecho, o recompensa puede prevalecer ante Dios, la persistencia ganará el día:

"Porque esta viuda me importuna, le haré su justicia, no sea que al final su venida me canse" (Lucas 18:5).

Hay una presión nacida de la confianza y el amor sobrehumanos, y de la sublime creencia en el derecho del deseo de uno, que cuando se ejerce sobre la Fuente de Vida, hace que ceda su tesoro.

Hay una persistencia que es el indomable Dios mismo, y Dios no puede resistirse a sí mismo.

En la vida de Jesús, esta actitud mental está representada en la mujer griega (Marcos 7: 25-30) que creía tanto en la bondad y el poder de Dios que nada podía detener sus oraciones. Los discípulos no pudieron acallarla, y ni siquiera Jesús pudo disuadirla de su fe. El gran Espíritu que había en ella le dio palabras que respondieron a las de él, y ganó la partida. Ella podría haber razonado con Dios mismo y, como Jacob, habría ganado.

El Espíritu que no conoce el fracaso ni el desaliento es el Espíritu de Dios.

"No se desanimará ni desfallecerá, hasta que haya establecido en la tierra la justicia" (Isaías 42: 4).

"Al que venciere, le daré que se siente conmigo en mi trono" (Apocalipsis 3:21).

Todos los Maestros de la Verdad han enseñado el poder de la persistencia.

Los monjes de Gautama, los Bikshus, preguntaron: "¿Por qué poder de resolución y fija determinación el

Honrado del Mundo había obtenido la perfección?". Buda respondió: "Recuerdo que en años pasados fui un príncipe mercante que se hizo a la mar para recoger gemas preciosas, y estando así ocupado conseguí una gema de inestimable valor, pero la dejé caer al mar y la perdí. Entonces, tomando un cacillo, empecé con firme determinación a sacar el agua del océano para recuperar mi gema. El dios del mar dijo: "¿Cómo puede este necio vaciar el ancho e ilimitado océano?" Yo respondí: "Mi resolución no decaerá jamás; vaciaré el océano y recuperaré mi preciosa gema; tú mírame, y no te aflijas ni te inquietes por el largo retraso". El dios del mar, al escuchar estas palabras, se llenó de ansiedad por la seguridad de su reino y me devolvió mi gema".

Zoroastro dice: "Para el mortal perseverante, los benditos inmortales no tardan en llegar".

La Voluntad de Dios

Una de las causas más comunes del debilitamiento de las personas en la búsqueda de su Bien es la insinuante y traicionera duda: "Quizás no sea la voluntad de Dios". Sabiendo esto, Jesús procede a revelar a los mortales el carácter del Padre divino, comparándolo con un padre terrenal.

Las mentes de los mortales no pueden comprender a Dios; es la Mente divina en nosotros la que conoce a Dios. Pero los mortales deben razonar por analogía de lo que comprenden a lo que no comprenden. Por eso, el Cristo nos revela que podamos juzgar el carácter de Dios por las cualidades de un ser terrenal justo y amoroso.

9. ¿O qué hombre hay entre ustedes que si su hijo le pide pan, le dará una piedra?

10. ¿O si le pide un pescado, le dará una serpiente?

11. Pues si ustedes, siendo malos, saben dar buenas dádivas a sus hijos, ¿cuánto más su Padre que está en los cielos dará cosas buenas a los que le pidan?

¿Dios es menos bueno que tú? Entonces, si tú no enviarías a ningún ser a un tormento eterno, ¿crees que Dios lo haría? Si tú, siendo un médico bueno y sabio, no darías a la gente enfermedades o deformidades, ¿crees que Dios lo haría?.

Lleva el razonamiento de Jesús hasta el extremo más grandioso de la bondad, y reconoce que "en verdad, la voluntad del justo es la voluntad de Dios".

La voluntad de nuestro Padre es darnos todo lo bueno que pidamos. Pero, ¿cómo sabremos que nuestro deseo es algo bueno? —pregunta el dudoso. ¿Cómo sabemos que el pan y el pescado son buenos para comer, y no las piedras y las serpientes? Así como tenemos sentido y juicio para conocer nuestro bien corporal, también tenemos percepción y discernimiento para conocer el bien de nuestra alma.

El corazón que verdaderamente busca a Dios tiene buen juicio y sabe que lo que es bueno para Dios es bueno para él mismo. "Él tendrá todo lo que diga".

Un sabio criterio que debemos tener al pedir "cosas buenas" a nuestro Padre es pedir solo aquello que estamos dispuestos a que toda la humanidad reciba por igual con nosotros. Porque, en la medida en que estemos dispuestos a dar a los demás, nos damos cuenta de la disposición de nuestro Padre a darnos a nosotros.

Como quieres que Dios actúe contigo, así actúa tú con todas las personas. Todos los pensamientos, palabras y acciones que enviamos a los demás regresan a nosotros, ya sea directamente de las personas, o indirectamente como un decreto o dispensación de nuestro Dios. Por eso, Jesús resume todas las cosas en la gran regla de Oro.

La Regla de Oro

12. Por eso, todo cuanto quieran que los hombres les hagan, así también hagan ustedes con ellos, porque esta es la ley y los profetas.

"Porque esta es la ley". Mientras estemos bajo la ley (quien crea en el pecado y en el ser pecador está bajo ella) debemos saber que es absolutamente exacta y segura. Su principio es el mismo que subyace a toda ley mecánica de acción y reacción, de equilibrio, de reflejo, de reciprocidad. Jesús lo dio en muchas otras formas: "Con la medida que midas, serás medido"; "Da, y se te dará"; "Perdona, y serás perdonado"; "Bienaventurados los misericordiosos, porque ellos recibirán misericordia"; "No juzguen y no serán juzgados"; "No condenen y no serán condenados"; "Porque con el juicio con que ustedes juzguen, serán juzgados"; "Los que tomen la espada a espada perecerán".

La inexorable ley es fría, precisa e inmutable como las leyes de las matemáticas. Ninguna súplica o petición puede cambiar su curso regular y legítimo. Pablo la da en términos completos en las palabras: "Todo lo que el hombre siembre, eso también cosechará".

Jesús dice: "Es más fácil que el cielo y la tierra pasen, a que se pierda una jota de la ley".

Por lo tanto, mientras estamos bajo la ley, es nuestro deber sembrar aquella semilla que estemos dispuestos a cosechar, pensar en los demás como queremos que piensen en nosotros, hablar a todos como queremos que nos hablen, hacer a los demás solo lo que queremos que nos hagan a nosotros.

La regla de Oro no fue anunciada por Jesús como una nueva ley. Muchos la han dado, porque el Cristo dice la misma verdad en todas las personas:

No hagas a los demás lo que no te gustaría que te hicieran a ti. (Hilel, 50 a. C.)

Actúa con los demás como te gustaría que actuaran contigo. (Isócrates, 338 a.C.)

No le hagas a tu prójimo lo que no te gustaría que te hiciera a ti. (Pítaco, 650 a. C.)

Debemos comportarnos con los demás como queremos que actúen con nosotros. (Aristóteles, 385 a. C.)

Lo que deseas que tu prójimo sea para ti, así sé tú para él. (Sexto, 406 a. C.)

Evita hacer aquello que censurarías que otros hicieran. (Tales, 464 a. C.)

Haz a otro lo que te gustaría que te hiciera a ti, y no le hagas a otro lo que no quieres que te hagan a ti. Solo necesitas esta ley. Es la base de todo lo demás. (Confucio, 500 a. C.)

"Esta es la ley y los profetas". Pero:

"Ustedes ya no están bajo la ley, sino bajo la gracia" (Romanos 6: 14).

Aunque las leyes sean tan inevitables e irrevocables como las famosas leyes de los medos y los persas, sin embargo, aquel que puede hacer que "los cielos y la tierra pasen" también puede hacer que estas leyes desaparezcan. Él es el Hijo de Dios.

El que se identifica con el Hijo de Dios está libre de la ley y, por lo tanto, no es recompensado ni condenado, sino que entra en la gracia de la Verdad, que es la libertad de las leyes del bien y del mal.

Del mismo modo que Cristo, Señor del Cielo y de la Tierra, puede anular las leyes físicas, así también, cuando domina en nuestros corazones, puede anular las leyes mosaicas y las leyes de la herencia, del destino y del karma, y podemos entrar en nuestra herencia, no porque la merezcamos o la hayamos ganado, sino porque somos el heredero que regresa, el Hijo del Dios Altísimo.

"Quien conoce a Dios está libre de la ley del destino y no está sujeto al maligno".
—Hermes Trismegisto.

El Camino y la Puerta

13. Entren por la puerta estrecha; porque ancha es la puerta y amplia la senda que lleva a la perdición, y muchos son los que entran por ella.

14. Pero estrecha es la puerta y angosta la senda que lleva a la vida, y pocos son los que la encuentran.

"La distancia más corta entre dos puntos se mide sobre la línea recta que los une". Entre Dios y el devoto se encuentra el único camino que los une. No se desvía ni a la derecha ni a la izquierda (Deuteronomio 5: 32; Josué 1: 7; Proverbios 4: 26-27), es decir, ni al bien ni al mal del mundo. No conoce ni el bien ni el mal, sino solo a Dios, y es el único camino por el que el viajero puede llegar a la Puerta que se abre a la felicidad eterna.

El nombre de este camino es Regeneración, el ordenado despliegue, el progreso y el desarrollo de la naturaleza espiritual. Cada paso del camino es la identificación con Dios, una conciencia que avanza continuamente y el reconocimiento de que Todo es Dios. Estos pasos se dan mediante la práctica de la presencia de

Dios diariamente, a cada hora, caminando frecuentemente por la fe y no por la vista, y manteniendo los sentidos espirituales siempre alertas para percibir y reconocer la Puerta.

Aunque el Camino parece una sucesión de etapas y grados, el devoto debe negar totalmente la necesidad, el deseo o la realidad del crecimiento, del desarrollo y de todo proceso de devenir, pues la Puerta se alcanza dejando de creer en la progresión. No hay devenir con Dios, ni siquiera como el devenir del Hijo de Dios. En apariencia, nació y creció hasta la edad adulta, pero incluso entonces sabía que era el Yo Soy, y "Antes de que Abraham fuera, Yo Soy". El ser es el verdadero estado del Ser, por lo tanto, Yo Soy es la Puerta, y no yo era, o yo seré. "Yo Soy el camino" (Juan 14:6), y "Yo Soy la puerta" (Juan 10: 9), y Yo Soy el que entra por la puerta.

"El que entra por la puerta, el pastor de las ovejas es" (Juan 10:2).

"Yo Soy el buen pastor" (Juan 10:11).

Nadie puede entrar en el estado mental del Cielo y permanecer allí a voluntad, sino aquel que sabe, como Jesús, que Yo Soy el Hijo de Dios. Sí, lo sabe, no por el intelecto, ni por el oído, sino como Dios sabe, Yo Soy Dios.

Tú, en tu verdadero Ser, el Cristo de ti, eres el Camino, y la Puerta, y el que recorre el Camino y entra por la Puerta. La Verdad nos muestra que todos somos ese único Hijo, el hijo unigénito de Dios. No hay muchos hijos de

Dios. En apariencia es así, pero es un engaño, del mismo tipo que creer en "muchos dioses y muchos señores".

En la falsa creencia de que somos "muchos", separados los unos de los otros y de Dios, recorremos el camino que lleva a la destrucción, es decir, a la muerte. Pero este sentido de separación se destruye cuando caminamos por el Camino de Cristo, y tenemos una sola conciencia cuando pasamos por la Puerta: mi prójimo y yo somos uno, Cristo y yo somos uno, el Padre y yo somos uno, porque Dios es todo en todos.

"En aquel día el Señor será uno, y uno su nombre" (Zacarías 14: 9).

"Si alguno entra por mí, será salvo, y entrará, y saldrá, y hallará pasto" (Juan 10:9).

Quien entra en la realización del Cielo a través del conocimiento, "Yo soy el Hijo de Dios", puede caminar en continua alegría y poder para hacer todas las obras de Dios cuando y donde quiera.

Muchos de nosotros entramos de vez en cuando en éxtasis y realizaciones temporales del Cielo, pero no entramos por la Puerta. Subiendo por otro camino, no permanecemos en el redil, sino que pronto nos encontramos expulsados como intrusos, y no sabemos cómo entramos o cómo caímos. Así también muchos han realizado grandes obras de curación, pero no pueden decir cómo las hicieron, ni pueden volver a hacerlas, porque no entraron por la puerta estrecha, el conocimiento absoluto del Principio de su ser, y cómo trabajar por él.

"Ancha es la puerta y amplia la senda que lleva a la perdición". Todo pensamiento que condena es destructivo. Los pecados destruyen. La creencia en la enfermedad y la muerte conducen a la destrucción. Los cismas se encuentran en este camino, y todas las sectas que se fundan en las disputas y el separatismo farisaico están en este falso camino, cuyo fin es la tumba. Toda la verdad es una, por lo que todo lo que desune y separa tiene en sí los elementos del error[1], y se encuentra en el camino amplio que conduce de un sentido de destrucción a otro, en una continua marcha muerta.

"El camino de los malvados es difícil"
(Proverbios 13:15)

El que esté caminando por él no llegará al Cielo hasta que lo abandone. No todos los caminos conducen al cielo. La gente dice que "todos los caminos llevan a Roma", pero eso es una falacia. Ninguna pista de carreras te llevará allí. Asimismo, quien recorre el círculo del pecado y la enfermedad, la muerte y el nacimiento, puede seguir indefinidamente, pero nunca llegará al Cielo por ese camino.

"El camino al cielo es el cielo", y podemos conocer el camino, porque "son agradables y sus sendas son paz" (Proverbios 3: 17). Ninguna tentación de sentirnos afligidos, de cometer pecado o de creer en la realidad de algún mal debe apartarnos de él. Si te sientes alejado del

---

[1] La mente carnal y la mente espiritual actúan de esta manera: la mente carnal siempre detecta las diferencias, mientras que la espiritual nota las similitudes. Max Muller.

centro tranquilo, santo, sanador y amoroso de tu ser, puedes saber que estás en un camino lateral.

Vuelve rápidamente al cielo.

¿Qué tan lejos está el cielo de aquí?
No muy lejos, mi amigo.
Con un solo paso de corazón
Tu viaje terminará.
(Scheffler).

Palabras justas y Falso Pensamiento

15. Cuídense de los falsos profetas, que vienen a ustedes con vestidos de ovejas, pero por dentro son lobos rapaces.

"Cuídense" (literalmente, "ten cuidado") así se traduce en otros textos: "Tengan cuidado" (Mateo 6: 1; Lucas 17: 3; Lucas 21: 34, etc.), y significa una intrépida y cuidadosa vigilancia.

En el sentido hebreo de la palabra, un profeta no solo significa alguien que predice, sino también alguien que exhorta, expone y predica públicamente.

De todas las clases de falsos predicadores, Jesús llama la atención sobre uno solo que necesita una vigilancia especial: el que habla palabras bonitas, pero cuyos pensamientos internos no coinciden con las palabras de sus labios. Vienen con la vestimenta, la forma externa del Cordero, símbolo de mansedumbre, docilidad, inofensividad, pureza y no resistencia; pero la codicia, el orgullo, la lujuria, la ambición y la crueldad son los animales indómitos del interior, los lobos voraces que tú, como buen pastor, debes discernir rápidamente si quieres mantener intacto tu rebaño, los pensamientos espirituales.

Las palabras "Cuídense", muestran que el acto se refiere principalmente a uno mismo. Cuidado con los falsos profetas, los malos pensamientos y las creencias mundanas que hay en ti. Controla tus propios pensamientos y sugerencias, y sabrás cómo tratar los de los demás.

Al no permitir que el sentido personal, o el deseo, tenga su propia voluntad y camino, o que el miedo, o la estrategia, o la codicia de la fama y la ganancia, o cualquier otro motivo falso, nos impulsen a utilizar los argumentos de la Verdad, nos convertimos en discernidores despiertos y no podemos ser engañados por los sofismas y las deducciones erróneas de los demás.

El que nunca engaña no puede ser engañado.

El que busca la Verdad con todo su corazón, solo por amor a la Verdad, recibirá solo la Verdad, no importa cuán falsos sean los labios que le hablen.

El espíritu de la Verdad en el interior abre los sentidos espirituales para leer los pensamientos más íntimos de las personas, de modo que el estudiante espiritual los conoce a todos y no necesita que nadie dé testimonio del individuo, pues conoce lo que hay en él (Juan 2: 24-25).

Sin embargo, a quienes se sientan todavía susceptibles de ser engañados por los falsos maestros, el Maestro les dice:

16. Por sus frutos los conocerán. ¿Acaso se recogen uvas de los espinos o higos de los cardos?

17. Así, todo árbol bueno da buenos frutos; pero el árbol malo da frutos malos.

18. Un árbol bueno no puede producir frutos malos, ni un árbol malo producir frutos buenos.

19. Todo árbol que no da buen fruto es cortado y echado al fuego.

20. Así que, por sus frutos los conocerán.

Las acciones de una persona son el fruto de su pensamiento y de su palabra.

Comparándolo con un árbol, sus pensamientos son las raíces, sus palabras son las hojas y sus actos son el fruto. Es posible que al examinar las hojas de dos plantas parecidas, como por ejemplo la belladona y la tomatera, no se pueda distinguir la naturaleza de las mismas, pero si se observan sus frutos, se distinguirá de inmediato.

¿Cuáles son las acciones que debemos esperar del Ser real? Pablo nos dice que los frutos del espíritu son amor, gozo, paz, paciencia, benignidad, bondad, fe, mansedumbre, templanza (Gálatas 5: 22- 23). Entonces, las acciones deben ser amorosas, pacíficas, pacientes, benignas, templadas, etc.

Por lo tanto, cuando se predica una doctrina justa, observemos la vida de los predicadores.

¿Cómo actúa el profeta cuando encuentra oposición o interferencia? ¿Es entonces amable y no se resiste, como la doctrina de Cristo que él mismo enseña?, o ¿le siguen palabras espinosas y acciones de cardo?

¿Es igual con todos y en todo momento? ¿O lleva una doble vida, actuando de una manera en público y lo contrario en privado?

¿Se exalta a sí mismo y desprecia a los demás?

¿Promueve o encarna de alguna manera en su vida las obras de la carne, enumeradas tan detalladamente por el apóstol, como: adulterio, fornicación, hechicerías, enemistades, envidias, borracheras, etc.? (Gálatas 5: 19-21)

Asimismo, hay otros frutos que Cristo nos pide que esperemos del verdadero predicador del Evangelio.

"Estas señales acompañarán a los que han creído: en mi nombre echarán fuera demonios, hablarán en nuevas lenguas; tomarán serpientes en las manos, y aunque beban algo mortífero, no les hará daño; sobre los enfermos pondrán las manos, y se pondrán bien" (Marcos 16: 17-18).

¿Siguen estas obras de Cristo su doctrina?, ¿o dicen que no se esperan de nosotros y que pertenecen a una época pasada? ¿Tienen la meta de la vida plena de Jesús aquí en la tierra, o tienen simplemente "una apariencia de piedad, pero negando su poder"? (Leer 2 Timoteo 3:1-5).

Los pecados o errores de omisión de las obras de Cristo son el mismo fruto mortal que los pecados de comisión de las obras del mal. Puede que no tengan el mismo veneno activo en ellos, pero son como las manzanas de Sodoma, polvo y ceniza en la boca, una dieta de hambre que al final produce el mismo resultado que los pecados de comisión, la muerte espiritual.

Todo lo que produce el mal tiene su raíz en el mal, y todo lo que produce el bien, es el bien. El bien no proviene del mal, ni tampoco el mal es un bien no desarrollado. Todo lo que es verdaderamente bueno siempre ha sido bueno y siempre será bueno, porque el Bien es Dios, el inmutable. Así también, todo el mal tiene su origen en el mal, y su fin es el mal, es decir, la pura nada y la aniquilación.

El bien de todo profeta se conserva, pero lo falso debe ser consumido. Todo árbol (pensamiento, palabra y obra) que no da buenos frutos es continuamente cortado y arrojado al fuego del amor de Dios, y devuelto al vacío de donde vino.

> "El fuego mismo probará la calidad de la obra de cada uno... Si la obra de alguien es consumida por el fuego, sufrirá pérdida; sin embargo, él será salvo, aunque así como a través del fuego"
> (1 Corintios 3: 13, 15).

Porque ninguna forma de mal proviene de Dios; todas son plantas que él no ha plantado.

"Toda planta que mi Padre celestial no haya plantado, será desarraigada" (Mateo 15: 13).

21. No todo el que me dice: "Señor, Señor", entrará en el reino de los cielos, sino el que hace la voluntad de mi Padre que está en los cielos.

No todos los que declaran a Jesucristo como su salvador o su maestro entrarán en el Reino de los Cielos. Porque el Reino de los Cielos es un estado de la mente y del corazón, una conciencia de paz y libertad, de salud y vida eternas, de sabiduría ilimitada y de amor inmutable. El Reino de Dios no viene con observación (o demostración externa).

"Ni dirán: '¡Miren, aquí está!' o '¡Allí está!'. Porque el reino de Dios está dentro de ustedes" (Lucas 17: 20-21).

El simple hecho de hablar de la Verdad, o de hacer declaraciones de la Verdad, no es suficiente para entrar en esta realización divina, este estado de felicidad llamado el Reino de los Cielos. Hay que vivir la vida de la Verdad, y hacer la voluntad de Dios, para sanarse plenamente y disfrutar de una paz y prosperidad continuas.

Jesucristo, con su vida y sus enseñanzas, nos revela la voluntad de Dios. Él dice:

"He descendido del cielo, no para hacer mi voluntad, sino la voluntad del que me envió" (Juan 6:38)

Dios, siendo inmutable, tiene la misma voluntad para siempre. Como no hace acepción de personas, tiene para ti y para mí la misma voluntad que tuvo para Jesús y los discípulos. Consiste en vivir la vida inmaculada del amor, obedeciendo todas las instrucciones dadas por Jesús, y haciendo todas las obras que él hizo, curando, resucitando a los muertos, liberando a las personas de sus pecados, dominando los elementos terrenales, ejercitando nuestros sentidos espirituales y terminando nuestra existencia terrenal sumergiéndola, sin muerte, en su realidad divina. Tu comida es hacer la voluntad del que te envió y llevar a cabo su obra (Ver Juan 4: 34).

Obras sin Amor

22. Muchos me dirán en aquel día: "Señor, Señor, ¿no profetizamos en tu nombre, y en tu nombre echamos fuera demonios, y en tu nombre hicimos muchos milagros?

23. Entonces les declararé: "Nunca los conocí; apártense de mí lo que practican la iniquidad".

"En aquel día". En esta escuela terrenal de la experiencia, el día del examen llega a cada aspirante a los honores celestiales; y para aprobar nuestro examen y no ser enviados de regreso al antiguo grado de experiencias, para volver a aprender nuestra lección, debemos estar bien equipados con la única cosa necesaria —Amor— esa parte buena que no puede ser tomada de nosotros.

La Conciencia Superior (Cristo) no puede entrar en el discípulo que omite el amor de sus objetivos, aunque sea un experto en obras de sanación y en milagros. Esto es profundizado por Pablo en su maravilloso discurso sobre el Amor (1 Corintios 13). Allí revela que uno puede tener la mayor elocuencia y, sin embargo, al no tener amor, ser solo como un hermoso instrumento musical, sin ninguna vida en sí mismo.

Uno puede tener conocimientos ocultos como para "entender todos los misterios"; uno puede tener una fe que podría curar un caso tras caso, "mover montañas", sin embargo, si está descuidando el desarrollo de la naturaleza amorosa, estos poderes le fallarán y necesitará volver al estudio más sencillo de la vida de amor para entrar en ese gozo de su Señor al que aspira su corazón.

Está profetizado (Joel 2: 28) que "sucederá que después de esto, derramaré mi espíritu sobre toda carne". Una poderosa ola espiritual ya se está extendiendo sobre nosotros, y está aumentando rápidamente en volumen y poder, y como resultado podemos empezar a esperar grandes y maravillosas obras por todos lados. Pero a menos que estas señales vayan acompañadas de ese amor que no piensa en el mal, no contarán nada para el perceptivo estudiante de la Verdad.

El amor será la gran prueba; el amor que no hace distinciones entre credos o sectas, que no juzga a nadie y que no viene a condenar al mundo, sino a que el mundo se salve por medio de él.

El amor es el camino.

El Amor es la Puerta, y nadie puede entrar al Reino de los Cielos si no es por el amor.

Escuchar y Hacer

24. Por tanto, cualquiera que oye estas palabras mías y las pone en práctica, será semejante a un hombre sabio que edificó su casa sobre roca.

25. Y cayó la lluvia, vinieron los torrentes, soplaron los vientos y azotaron aquella casa; pero no se cayó, porque había sido fundada sobre roca.

26. Todo el que oye estas palabras mías y no las pone en práctica, será semejante a un hombre insensato que edificó su casa sobre la arena.

27. Y cayó la lluvia, vinieron los torrentes, soplaron los vientos y azotaron aquella casa; y cayó, y grande fue su destrucción.

"Todo el que oye estas palabras". El significado espiritual de "oír" es comprender y aceptar. Todos aquellos discípulos de la Verdad que están recibiendo sus principios divinos, y poniéndolos en práctica en cada aspecto de su vida diaria, están construyendo una fe cuya base es sólida, confiable y sustancial. Porque es una roca de doctrina demostrada — Verdad que ha sido comprobada como verdadera.

El seguidor de la Verdad que ha construido su creencia sobre esa roca no será vencido por los vientos y las inundaciones de la adversidad, la enfermedad o la muerte. Cuando las pruebas y las tribulaciones lo asalten, será como una persona en una casa segura, que siente aún más su seguridad, paz y consuelo cuando las tormentas hacen estragos a su alrededor.

"Estas cosas les he hablado para que en mí tengan paz. En el mundo tienen tribulación; pero confíen, yo he vencido al mundo" (Juan 16: 33).

Mientras caminamos por el Camino de la regeneración, a veces podemos sentirnos tentados a creer en la realidad del mal, siendo asaltados por los errores que alguna vez creyeron en los pecados, las enfermedades y las dificultades de la antigua vida terrenal. Pero quien cumpla todos los mandamientos de Jesucristo saldrá acreditado de todo examen espiritual con una nota alta, y en lugar de temer o temblar ante los problemas de la vida, los verá solo como oportunidades para demostrar dónde está parado, cuánto sabe y cuánto puede hacer por la gracia y la omnipotencia de Dios.

La ciencia de Dios debe ser practicada tan fiel y eficazmente como cualquier ciencia material. Ningún cristiano debe considerar terminada su educación espiritual a menos que pueda hacer todas las obras de Cristo.

Un buen matemático no se contenta con descansar en una teoría de su ciencia; no solo se familiariza con todos los principios de su ciencia, sino que examina las reglas y los métodos descubiertos e inventados por otros matemáticos y expertos, especialmente si quiere ser un maestro de la materia, para poder resolver todos los problemas que hayan sido elaborados por alguien, y aún más, si es posible. La aspiración de todo verdadero cristiano debería ser la misma.

¿Puedes resucitar a los muertos? ¿Puedes controlar los elementos, calmando los vientos y las olas con tu palabra? Si no podemos curar todos los casos que se nos presentan, no nos hipnoticemos supinamente con el pensamiento de que no se espera que lo hagamos, sino que obtengamos más entendimiento, más fe, más amor, más aplicación. Todas las cosas son posibles para el que cree.

El que dice que algunos de los mandatos de Jesús son demasiado trascendentales o impracticables, no es más que un buscador teórico de la Verdad. Una persona así está construyendo su vida religiosa sobre una base pobre, la cual le fallará cuando más la necesite.

La comparación que Jesús hace entre las dos clases de seguidores de la Verdad se hace de nuevo en la parábola de las Diez Vírgenes. El insensato que oye y no hace, es como las vírgenes insensatas que tenían sus lámparas, pero no estaban provistas de suficiente aceite.

Muchos escuchan ahora las palabras de Cristo y esperan demostrar todo lo que él hizo, incluso hasta vencer a la muerte. Pero, ¿cómo podemos hacer todas las obras si no obedecemos todas las indicaciones? ¿Cómo puedes, sincero sanador, esperar curar a todos los pacientes y seguir manteniendo el odio en tu corazón hacia alguna persona o cosa, e incluso justificarlo en ti mismo? Y aunque seas un sabio maestro, ¿cómo puedes esperar vencer a la muerte si no aceptas las enseñanzas de Cristo de vivir una vida sin sexo, que es la piedra angular de ese logro (Lucas 20: 35-36; Mateo 19:12)?

Jesucristo nos ha odas las indicaciones esenciales que deben conocerse y obedecerse para emanciparse completamente de los errores, las penas y los sufrimientos del reino de la ilusión. Él respaldó muchas de las enseñanzas de los sabios que le habían precedido, y donde los maestros espirituales parecen estar en desacuerdo o confundidos, él ha resuelto para siempre cada punto importante, de modo que no haya incertidumbre en las mentes de aquellos que tienen oídos para escuchar.

Bajo el nombre de Cristo, todo seguidor impersonal y universal de la Verdad que la busca por amor a ella, está dispuesto y preparado para unirse, para que haya una perfecta unidad entre todos los que adoran al verdadero Dios.

Los sabios de todas las generaciones y razas son los poderes que gobiernan las naciones de la tierra, y han elegido a uno para que los represente, Jesucristo, que ha de ser el soporte central en torno al cual se reúnen todos los demás independientes al concentrarse en su nombre, vida y palabras.

La Verdad es presentada de todas las maneras y por todos los medios para llegar a los corazones, incluso de los más apagados y cada uno, a medida que asciende en la escala del entendimiento y se vuelve universal en amor y sabiduría, conocerá y apreciará a Jesucristo como Dios – con-nosotros en plenitud de manifestación, tal como él mismo profetizó:

"Escrito está en los profetas: Y todos serán enseñados por Dios. Todo el que ha oído y aprendido del Padre, viene a mí" (Juan 6:45).

Entonces, cuando todos se hayan reunido bajo un solo nombre, la obra de Jesucristo se habrá realizado, e incluso ese nombre, que ha estado por encima de cualquier otro nombre, se borrará, para que el Señor cuyo nombre es Uno sea todo en todos (Zacarías 14: 9).

"Entonces vendrá el fin, cuando él entregue el reino al Dios y Padre, después que haya terminado con todo dominio y toda autoridad y poder. Pues Cristo debe reinar hasta que haya puesto a todos sus enemigos debajo de sus pies. Y el último enemigo que será eliminado es la muerte… Y cuando todo haya sido sometido a Él, entonces también el Hijo mismo se sujetará a Aquel que sujetó a Él todas las cosas, para que Dios sea todo en todos"
(1 Corintios 15: 24, 28).

Fin

WISDOM
COLLECTION

Sabiduría de Ayer, para los Tiempos de Hoy

www.**wisdom**collection.com.

.

www.ingramcontent.com/pod-product-compliance
Lightning Source LLC
Chambersburg PA
CBHW032010040426
42448CB00006B/566